基金项目：本文是福建省教育科学"十四五"规划2022年度课题"深度学习理念下的中学生物学单元作业设计实践研究"（课题编号：FJJKZX22-646）的研究成果。

教学创新探索：生物学实践新视野

叶智锋　主编

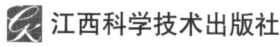江西科学技术出版社

图书在版编目(CIP)数据

教学创新探索 ：生物学实践新视野 / 叶智锋主编.
南昌 ： 江西科学技术出版社， 2025. 4. -- ISBN 978-7
-5390-9079-5

Ⅰ.G633.912

中国国家版本馆 CIP 数据核字第 2024EX3132 号

教学创新探索：生物学实践新视野   叶智锋   主编
JIAOXUE CHUANGXIN TANSUO：SHENGWUXUE SHIJIAN XIN SHIYE

出版发行	江西科学技术出版社
社址	南昌市蓼洲街 2 号附 1 号
	邮编：330009 电话：（0791）86623491 86639342（传真）
印刷	武汉鑫佳捷印务有限公司
经销	各地新华书店
开本	880 mm×1230 mm 1/32
字数	160 千字
印张	6
版次	2025 年 4 月第 1 版
印次	2025 年 4 月第 1 次印刷
书号	ISBN 978-7-5390-9079-5
定价	88.00 元

国际互联网（Internet）地址：http://www.jxkjcbs.com   选题序号：ZK2024264
赣版权登字：-03-2024-246   责任编辑：范春龙   装帧设计：新梦渡

引 言

生物学是研究生命现象和生命体的科学，它关注生物体的结构、功能、演化、生态以及与环境的互动等方面。

生物学可以分为许多不同的领域，包括细胞生物学、遗传学、进化生物学、生理学、生态学等。通过对生物学的研究，人们得以洞悉生命体的组成与运作机制，揭示生物体内部的各类过程，以及它们与外部环境的相互作用关系。这有助于人们更深入地探索生命的奥秘，并将相关知识应用于医药、农业、环境保护等诸多领域。

在中学生物学这门学科的引领下，学生们将踏入细胞的微观世界，探寻生命的起源与演化历程，领略生物多样性的奇妙之处。

中学生物学课程通常涵盖广泛且意义深远的内容。从细胞的结构与功能，到遗传和进化的奥秘，再到生物多样性背后的秘密，都在其范畴之内。通过对这门学科的学习，学生将逐步培养科学思维，提升分析问题与解决问题的能力。通过观察和实验，中学生将打开生命的大门，探索其中的奥秘。中学生将逐渐建立对生物学的基本理解和认识；深入了解细胞作为生命的基本单位，对生命存在和生命活动的基础起到了至关重要的作用；探索遗传与进化的奥秘，了解基因如何决定生物体的性状和特征；领略生物多样性的广阔和深远，感受大自然的奇妙创造力。

中学生物学的学习，不仅仅是知识的积累，更是思维的培养。它还培养了中学生的科学精神，教会了中学生提出问题、观察现象、进行实验和分析数据的方法。通过这些过程，中学生将培养出基础的批判性思维和创造性思维，从而更好地理解生命，发现新的规律和现象。

同时生物学让中学生深入了解生态系统的结构和功能，认识到生态系统对环境的重要性。提升了中学生保护和维护生态系统，实现可持续发展的思维意识，这样不仅拓宽了中学生的知识领域，更是培养了中学生的思维方式和价值观念。同时也激发中学生对大自然的热爱和敬畏之情，引导中学生更加明智地对待自然资源，推动人类与自然和谐共生。

而本书着重围绕以上的知识而展开详细的说明，本书共八个章节，第一章重在阐述中学生物教学的重要性与实践应用，强调了生物学对于中学学习的重要性。第二章顺势开始论述学习生物学的注意事项，并提出相应解决方法，为生物学的教学与学习扫清障碍。第三章则展示和说明了生物学核心能力的提高和发展，为了提高学生对生物学产生自发兴趣和热爱，本书采用了创新改革的写作方式，这样不仅可激发学生主动探索和研究学习的热情，还可以激发学生的好奇心，于是本书第四章单元课程设计与作业任务规划在这个层面上展开内容和详细解释，而在第五章中分析了当前生物高考的现实状况，第六章、第七章重点探讨了教师在教学过程中根据学生的不同性格提供个性化教学方法和策略，并为生物学教师提供了自我提升的指导，在本书最后的章节则提出了对生物学的研究提出了未来的发展方向和建议。

目　录

第一章 中学生物学学习的必要性

一、生物学学习的基础概念与内容分类

生物学，作为探索生命奥秘的科学，广泛涉及深奥领域。基础概念与内容可分为多个分类，揭示了生命不同方面的秘密。

基础生物学作为核心分类，涵盖了生物学的基本原理和概念，如细胞理论、遗传学、分子生物学等。细胞理论指出细胞为生命基本单位，遗传学研究了遗传信息的传递和表达，揭示了物种进化和遗传变异的原因。而分子生物学关注生命过程中的分子机制，从 DNA 到 RNA 再到蛋白质，揭示了基因的转录和翻译过程。

生物学通过研究生物的形态、遗传和生态等方面，实施分类、命名和归类等基本原则。生理学研究生物体内部功能和机制，涉及调节、代谢和运动等方面。通过研究生物的器官系统和发育过程，生理学揭示了机体对环境变化的适应和稳态维持机制。例如，植物生理学研究了光合作用、水分吸收和激素调节等过程，而动物生理学关注动物的神经、循环和呼吸等系统。

生态学研究生物与环境之间相互作用，关注生物在不同环境条件下的适应性和相互关系。通过研究生物的种群动态、群落结构和生态系统功能，生态学揭示了生物与生物、生物与环境之间的相互作用。生态学对维护生物多样性和促进生态系统可持续发展具有重要意义。

进化生物学研究物种起源和进化过程，探索多样性形成和演化机制。进化生物学整合了遗传学、分子生物学和生态学等多个领域的知识，通过研究物种的遗传变异和适应性，揭示了物种适

应环境和进化的驱动力。

　　生物学的基础概念和内容可划分为基础生物学、生物分类学、生理学、生态学和进化生物学等多个分类。这些分类彼此交织，共同揭示了生命奥秘，推动生物学的不断发展。通过深入学习和研究这些分类，我们能更好地理解生物的起源、多样性和功能，为人类和生物世界的未来开辟无限可能。

　　（一）学习生物学的必要性

　　为何学生需要学习生物学？生物学不仅仅是一门科目，更是揭开生命奥秘的钥匙。以下是几个原因，解释学生应该学习生物学的重要性。

　　生物学作为自然科学的一个重要领域，是培养学生科学素养的基础。学习生物学不仅可以帮助学生了解日常生活中常见的生物现象，还可以提升他们的观察、实验和推理能力。通过学习生物学，学生能够掌握生物体的基本组成、结构和功能，进而培养科学思维方式，提升对自然界的认知和理解。

　　学习生物学对学生未来的职业规划至关重要。随着科技的发展和生物技术的进步，生物学已渗透到许多领域，如医药、生物工程、农业和环境保护等。通过学习生物学，学生可以为从事相关职业作好准备。此外，在日常生活中，了解生物学的基本知识也能够帮助学生更好地保护自己的健康，提高生活质量。

　　学习生物学还能培养学生的创新能力和问题解决能力。生物学是一个充满挑战和未解之谜的领域，许多科学难题等待年轻学子去探索和解答。通过学习生物学，学生将不断面临新问题和挑战，并通过实践和思考寻找解决方法，培养自己的创新思维和问题解决能力。

　　学习生物学能够帮助学生更好地了解自身与其他生物的关系。作为生物界的一员，人类与其他生物存在着紧密的联系和相互作用。通过学习生物学，学生能够了解生物之间的物种关系和生态相互依存关系，更深入地认识自然界的奥秘。同时，生物学还能引导学生重视环境保护和生物多样性，培养他们的环保意识和责任感。

通过学习生物学，学生不仅能够获得科学素养和职业发展的优势，还能够培养创新能力、问题解决能力以及对生命的敬畏和珍惜之心。生物学是连接人类与自然的桥梁，而学生则是未来探索生命奥秘的有力推动者。

（二）生物学与其他学科的关联性

生物学作为一门科学，广泛涉及许多不同的研究领域，这些领域之间相互交织、相互影响，是研究生命现象和生命活动的科学学科，而它与化学、物理学、心理学、社会学、经济学等学科之间存在着紧密的联系。这些学科的相互渗透和交叉融合，共同构建了整个科学体系的鲜活图景。

与化学学科的结合是生物学研究中至关重要的一环。化学提供了深入了解生物体内分子层面生物过程的手段。通过化学实验和分析技术，我们可以研究生物大分子如蛋白质、核酸等的结构、功能和相互作用。从而揭示出生命活动的基本特征，探索生物体内的化学反应和代谢途径。化学是研究物质的组成、性质和变化规律的学科，而生物学则探索了生物体内的化学反应和物质转化过程。生物体内的蛋白质、核酸、碳水化合物等物质的组成和结构都需要借助化学的知识进行解析。更进一步地，生物学与有机化学、生物化学等领域的交叉研究，为药物研发、生物工程等领域的发展提供了坚实的基础。

物理学与生物学的交叉也为我们研究生物体提供了全新的视角。借助物理学的原理，我们能够研究生物体内物质的运动和力学性质。比如，通过光学方法，我们可以观察细胞内部的微小结构和生物分子的运动方式；通过力学原理的运用，我们可以研究动物的运动特性和力学适应性。这些研究为我们提供了深入理解生物体内部结构与功能之间的联系的重要线索。物理学是研究能量、力量和物质运动的学科，而生物学则研究生命体内的能量转换和运动机制。生物体内的细胞分裂、神经传导、肌肉收缩等生命活动都有着物理学原理的支持。例如，物理学中的光学原理为生物体内视觉系统的研究提供了基础，力学原理则解释了生物体内骨骼系统的运动机制。生物学与物理学的交叉研究，推动了生物医学技术的发展，为疾病的治疗和诊断提供了新的思路和方法。

心理学与生物学之间也存在着密切的联系。心理学研究人类思维、情感和行为等心理活动，而生物学则关注生物体内的神经系统活动和激素调节等生理过程。生物体内的神经递质、大脑结构和功能等生物学知识为心理学家解读人类的思维和情感提供了依据。心理学与生物学的交叉研究，不仅深化了对人类行为和认知的理解，也为心理疾病的诊断和治疗提供了科学的依据。

生物学与社会学、经济学之间也存在相互关系。生物学研究生物体内的生命活动，而社会学和经济学则关注人类群体的社会行为和经济活动。生物学的遗传学知识揭示了基因在人类社会中的传承和演化，与社会学中的人口学、家庭学等领域相互关联。经济学研究资源配置和供求关系，而生物学则提供了对自然资源的认识和保护的基础，为可持续发展提供了理论依据。生物学、社会学和经济学的综合研究，可以更好地解决人与自然、人与社会之间的关系问题。

生物学与化学、物理学、心理学、社会学、经济学等学科之间的联系如此密切，相互促进、相互补充。它们共同构建了人们对世界的深入认识和解释，为解决人类面临的各种问题提供了广阔的思想空间。正是这种多学科的交叉，推动了科学的进步和人类社会的发展。我们应当在学习和研究中，继续探索和拓展这些学科之间的联系，以促进整个科学领域的蓬勃发展。

（三）探索生物科学职业发展方向

中学生涯是学生确定未来职业发展方向的重要阶段，生物学作为一个广泛而有挑战性的领域，为对生物科学感兴趣的学生提供了追求相关职业的基础和机会。中学阶段是学生确定未来职业发展方向的重要阶段，通过学习生物学可以帮助学生探索和准备未来在生物科学领域发展的可能性。

以下是一些与生物学相关的职业方向，对于对生物科学感兴趣的学生提供了广阔的职业发展机会。

医学和生命科学研究：生物学提供了医学和生命科学研究的基础知识。对于对医学和生命科学研究感兴趣的学生，他们可以通过追求医学、药物研发、基因疗法等方向来应用生物学的知识。

生态学和环境科学：生物学也与环境保护、生态学和环境科学紧密相关。对于对环境保护和生态系统的保护与管理感兴趣的学生，他们可以在生态学、环境科学和自然资源管理等领域寻找职业发展机会。

农业和食品科学：生物学在农业和食品科学中也有广泛的应用。对于对农业可持续发展、食品安全和粮食生产感兴趣的学生，他们可以从事农业科学、食品科学和种子技术等方面的工作。

生物工程和生物技术：生物学还与生物工程和生物技术有着密切的联系。对于对应用科学和技术的发展感兴趣的学生，他们可以追求生物工程、生物技术和生物医药等领域的职业发展。

生物学的学习也培养了学生的观察力、实验设计和批判性思维能力，这些能力在各类科学领域和职业中都具有广泛的应用价值。通过学习生物学，对生物科学感兴趣的学生可以获得追求相关职业的基础和机会。他们可以选择从事医学、生命科学研究、生态学、环境科学、农业和食品科学、生物工程和生物技术等领域，并在相关领域作出贡献。

中学学习生物学不仅可以培养学生的科学素养和思维能力，还能帮助他们了解生命、健康、环境等方面的基本知识，从而促进个人全面发展和未来职业的选择。

二、生物学知识在生活实践中的应用

生物学知识在生活实践中有着广泛的应用。在我们的生活中有很多的地方都有生物学的身影，下面我们来看一些常见的应用领域：

（一）医学和健康

生物学的许多原理和概念对医学和健康领域非常重要。医学生物学研究人体的生理功能、疾病发生机制和治疗方法。遗传学帮助我们了解遗传疾病的发生和传播，推动了基因诊断和基因治疗等领域的发展。生态学研究环境对人类健康的影响，揭示了传染病传播的规律，为疫苗开发和疾病预防提供了理论基础。生物学在医学和健康领域的应用非常广泛。

细胞生物学，研究细胞的结构和功能，揭示疾病发生机制，通过对细胞的研究，医学研究人员可以理解疾病在细胞级别上的变化，并在治疗疾病时针对性地靶向细胞。

分子生物学，研究生物分子的结构和功能，对基因、蛋白质等生物分子进行研究。基因在遗传疾病的发生中起着关键作用，通过分子生物学的研究，我们可以了解到基因突变如何导致疾病，并为基因诊断和基因治疗提供支持。

遗传学，研究基因的传递和变异。遗传学可以帮助我们了解遗传疾病的发生和传播方式，为疾病的家族风险评估、基因咨询和个性化治疗提供依据。

生理学，研究人体的正常生理功能。生理学的研究可以帮助我们了解人体各个系统的功能和相互作用，从而为疾病的预防和治疗提供基础。

免疫学，研究人体的免疫系统，包括免疫细胞、抗体等。免疫学的研究可以帮助我们理解免疫系统如何应对感染和疾病，并为疫苗开发、免疫治疗等领域提供理论支持。

生态学，研究生物与环境的相互关系。生态学可以帮助我们了解环境因素对人类健康的影响，揭示传染病传播的规律，为疾病的预防和控制提供理论基础。生物学的原理和概念在医学和健康领域的应用非常重要，为疾病的研究、诊断和治疗提供了基础。

（二）农业和食品安全

生物学知识在农业生产和食品安全方面有着重要的应用。遗传学帮助选育高产、抗逆性强的农作物品种，改善作物品质。昆虫学和植物病理学研究有害生物对农作物的威胁，开发相应的防控策略。食品微生物学研究食品中的微生物污染和食品安全问题，帮助保障食品供应链的可靠性。生物学在农业生产和食品安全方面的应用已经取得了显著的成果。通过对遗传学的应用，人们能够培育出抗病虫害、耐旱、耐寒等性状优异的农作物品种，提高农作物的产量和质量。昆虫学和植物病理学研究有害生物对农作物的威胁，帮助农业科学家了解病虫害的发生规律和传播途径。基于这些研究结果，科学家可以开发相应的病虫害防控策略，包括无毒化防治技术、生物防治方法和合理的农药使用。还有食品微生物学在食品安全方面的应用，食品微生物学研究食品中的微生物污染和食品安全问题。通过对食品微生物的检测和分析，科学家可以及时发现和监测食品中可能存在的有害微生物，预防食品安全事故。此外，食品微生物学的应用还包括食品的发酵和保鲜技术以及食品质量评估等方面，有助于保障食品供应链的可靠性。

生物学在农业生产和食品安全方面的应用非常重要。这些应用不仅可以提高农作物的产量和质量，还可以帮助预防和解决农作物病虫害问题，以及确保食品供应链的可靠性和食品安全。

（三）生物工程和生物技术

基因工程和转基因技术可以通过修改生物体的基因来改变其特性，为农作物增加抗虫抗病性、提高产量，或用于生产药物和工业化合物等。以下是一些生物工程和生物技术在不同领域的应用例子。

农业：通过基因工程和转基因技术，科学家可以修改农作物的遗传信息，使其具有抗虫抗病性、耐逆性以及提高产量的特性。转基因作物如转基因玉米、大豆等已经广泛种植，对农作物的保护和生产起到了积极的作用。

生物制药：生物制药是利用生物技术制造和开发药物的过程。通过基因工程技术，可以修改细胞或微生物的基因来使其产生特定的蛋白质药物。生物制药通过使用生物体提供的生产能力，大大提高了药物的生产效率，并且可以生产更复杂的药物，如蛋白质类药物。

工业生物技术：工业生物技术利用微生物或其他生物体来生产工业化合物。通过基因工程和发酵技术，可以将微生物用于生产多种化学物质和酶类等。工业生物技术具有环境友好、高效能源利用和可再生性的优势，被广泛应用于生物燃料、生物塑料、生物染料等领域。

生物工程和生物技术的进展为农业、医药和工业等领域带来了许多重要的应用，提高了产品质量和产量，同时也促进了可持续发展和环境保护。然而，对于基因工程和转基因技术的使用，需要确保其安全性和可持续性，并遵循相应的法规和道德准则。

（四）环境保护和生态系统管理

生物学对环境保护和生态系统管理具有重要意义。生态学研究种群数量、物种多样性、生态系统稳定性以及人类活动对生态系统的影响，为保护生物多样性和可持续发展提供科学依据。环境毒理学研究有害物质对生物体的毒性作用，为环境污染监控和管理提供支持。以下是一些生物学在环境保护和生态系统管理方面发挥的作用。

生态学：生态学研究物种之间的相互作用、生态系统的结构和功能，以及人类活动对生态系统的影响。通过生态学的研究，我们可以了解物种数量、物种多样性和生态系统的稳定性。这些研究为保护生物多样性和实现可持续发展提供了科学依据。生态学还可以帮助我们理解生态系统中的生态位、食物链和能量流动等基本概念，为有效管理和保护生态系统提供指导。

环境毒理学：环境毒理学研究有害物质对生物体的毒性作用，包括化学物质、重金属、农药等。环境毒理学研究不仅关注有害物质对个体的直接毒性，还关注它们如何在环境中积累、转移和影响生态系统。这些研究为环境污染的监控和管理提供支持，可以帮助制定相关法规和政策，减少对环境和生物体的潜在危害。

保护生物多样性：生物学在保护生物多样性方面起着至关重要的作用。通过研究种群数量、物种分布和分布格局，我们可以了解物种的状态和潜在威胁。该知识可以用于确定濒危物种和生态系统的保护策略，并设计恢复计划，以帮助维持生物多样性。

生物学在环境保护和生态系统管理方面的应用具有重要意义。通过研究种群和生态系统，探索生物与环境的相互关系，我们可以为保护物种多样性、恢复生态系统和实现可持续发展提供科学依据。

（五）法医学和人类身份鉴定

生物学在法医学和人类身份鉴定方面具有重要作用。DNA 分析技术可以通过比对样本的 DNA 指纹来确定人类个体的身份，用于破解犯罪案件、确认血缘关系和解决争议。DNA 分析技术是一种常用的方法，可以通过比对样本的 DNA 指纹来确定个体的身份和确定它们之间的关联。生物学在法医学和人类身份鉴定中的应用有以下几个方面。

犯罪解决：DNA 分析在犯罪解决中发挥了重要作用。通过比对犯罪现场的 DNA 样本与疑犯或数据库中的 DNA 样本，可以确定是否与犯罪嫌疑人或其他个人相关联。这种方法为犯罪案件的调查和司法程序提供了科学依据，有助于识别罪犯，减少冤假错案。

血缘关系确定：DNA 分析可以用于确定亲属关系和血缘关系。比较家庭成员的 DNA 指纹，可以确定亲子关系、兄弟姐妹关系以及其他亲属关系。这在寻找失散亲人、收养孩子的身份确认等方面具有重要意义。

人类身份确认：DNA 分析可以用于识别灾难事件中遇难者的身份。通过与已知的亲属或者数据库中的 DNA 数据进行比对，可以辨认出身份不明的个体，为灾难受害者的识别和身份确认提供帮助。

DNA 分析技术的应用在法医学和人类身份鉴定方面证明了其高度准确性和可靠性。这种方法在解决犯罪、确定血缘关系以及身份确认方面都发挥了重要作用，有助于确保司法公正和保障个人权益。然而，对于这些技术的使用，也需要遵守相应的法律和伦理规范。

（六）生态旅游和自然保护

生物学知识对于生态旅游和自然保护也很重要。了解物种、生境和生态过程，可以更好地规划和管理自然保护区，保护和恢复生态系统。生物学知识还能够丰富生态旅游的内容，帮助人们更好地理解和欣赏自然界的美丽。生物学的知识在和自然保护和生态旅游领域至关重要。以下是一些生物学在这两个领域的应用。

自然保护区的规划和管理：生物学提供了关于物种、生境和生态过程的重要信息，这些信息对于自然保护区的规划和管理至关重要。通过生物学研究，我们可以了解到不同物种的分布、数量和生活习性，从而确定保护区内各个生态环境的重要性以及对物种的保护需求。此外，生物学的研究还可以检测到生态系统的变化和环境问题，为采取有效的保护措施提供科学依据。

生态旅游的推广和管理：生物学的知识可以丰富生态旅游的内容，帮助人们更好地了解和欣赏自然界的美丽。了解物种、生态系统和生态过程，可以为设计环境友好型旅游线路和活动提供指导，以减少对生态环境的负面影响。生物学的知识还可用于开展自然解说、生态游览和野生动植物观察等活动，提供更丰富和有意义的旅游体验。

生物学的知识对于生态旅游和自然保护具有重要意义。通过了解物种、生态系统和生态过程，我们可以更好地规划和管理自然保护区，保护和恢复生态系统，确保可持续的生态旅游发展。生物学的应用可以为人们提供真正的自然体验，并加深对自然环境的理解和欣赏，推动人与自然和谐共存。

（七）科学研究和教育

生物学是科学研究和教育的基础。生物学知识和技术为各个领域的科学研究提供了基础和工具，从分子生物学到生态学，从基础研究到应用研究都离不开生物学。生物学也是学校教育体系中重要的科目之一，通过生物学的教学可以培养学生的科学素养和批判性思维。对于各个领域的科学研究和学校教育体系都起着重要的作用。

科学研究的基础：生物学提供了科学研究的基础知识和理论框架。从基因到细胞、生物体到生态系统，生物学探索生命的各个层面。无论是分子生物学、细胞生物学、生物化学等基础研究，还是生态学、进化生物学、遗传学等应用研究，都依赖于生物学的知识和技术。

科学研究的工具：生物学不仅提供了基础知识，还涉及许多实验技术和研究工具。例如，DNA 测序、蛋白质分析、细胞培养和基因编辑等技术，为生物学研究提供了强大的工具和方法。这些技术和方法对于各个领域的科学研究，尤其是在分子生物学、医学研究和生态学研究中具有不可替代的重要作用。

学校教育的重要科目：生物学作为学校教育体系中的一门重要科目，帮助学生理解和掌握生命科学的基本原理和现实应用。通过生物学的教学，学生可以了解生命的起源和演化、生物的结构和功能，以及生态系统的组成和相互作用等基本概念。生物学的教学还培养了学生的科学素养，提高了他们的批判性思维、实验设计和科学沟通能力。

生物学在科学研究和教育中都有着重要的地位。生物学不仅提供了科学研究的基础知识和理论框架，还为研究提供了实验技术和工具。同时，生物学的教学也有助于学生培养科学素养和批判性思维，为他们将来的学习和职业发展奠定坚实的基础。

我们论述的只是生物学知识在生活实践中的一些常见应用，实际上生物学的影响和应用范围远不止以上几个领域，随着科技的发展和不断地研究探索，生物学的应用领域还将不断扩展和深化。

第二章 生物学的学习注意事项与解决方式

生物科学是基础教育中的一门重要的学科，也是 21 世纪的领先学科，它与社会的发展，人类的文明进步有着极为密切的关系，所以引导中学生学习生物学具有重大意义，培养学生科学的思维方法，注意理论联系实际，培养学生的实际应用能力，引导中学生学习生物学，但是在中学生物学的学习过程中，中学生学习生物学可能面临着许多困难。

一、抽象概念不明确

生物学中存在许多抽象的概念，如细胞结构与功能、遗传规律、生态系统等。对于初学者来说，理解这些抽象概念可能需要一定的时间和努力。

理解这些抽象概念的过程可能涉及到多个方面，在不同的时候，我们要针对不同问题作出对应的解决方法。对于初学者来说，建立牢固的基础知识非常重要。

在学习生物学之前，了解相关科学基础知识（如化学、细胞学等）可以帮助学生更好地理解生物学中的抽象概念。使用模型和图像可以帮助初学者更直观地理解抽象概念。通过使用模型和图像，例如细胞模型、遗传图谱、生态系统图表等，可以将抽象概念转化为可视化的形式，使学生更容易理解和记忆。

实验和观察：通过参与实验和观察现象，学生可以亲身体验并见证抽象概念的实际应用。这样的实践可以帮助学生巩固理论知识，加深对抽象概念的理解。

提问和讨论：鼓励学生提出问题和参与讨论是激发他们思考和理解抽象概念的重要途径。通过与同学和教师的讨论，学生可以分享不同的观点和理解，并从中获得更多的洞察。

反复学习和复习：由于抽象概念通常需要时间才能真正理解，学生需要进行反复的学习和复习。通过重复学习和反复回顾，可以加强对抽象概念的记忆和理解。理解抽象概念是一个渐进的过程，每个人的学习速度和方式都可能有所不同。

教师在教学过程中可以采用多种教学策略，提供丰富的学习资源和案例，以帮助学生更好地理解和应用这些抽象概念。同时，鼓励学生积极参与、勇于提问，并培养他们的学习兴趣和好奇心，也是促进初学者理解抽象概念的重要方式。

二、记忆不牢固

生物学需要记忆大量的术语、定义和生物体的特征，记忆这些知识需要学生花费较多的时间和精力。然而，记忆这些知识也是学习生物学的重要一环，因为它可以帮助学生理解和应用生物学的概念和原理。

对于出现的这类型的问题，我们可以将生物学的知识按照系统和层次进行学习。从基础概念开始，逐步深入学习，并将不同部分的知识联系起来。这样可以帮助学生建立起一个完整的知识框架，便于记忆和理解。

制订合理的学习计划，分配适当的时间来记忆生物学的术语、定义和生物体特征。将学习内容分成小块，每天集中学习一小部分，定期复习已学内容。这样有助于避免过度负担和记忆混淆。考虑使用记忆辅助工具，如记忆卡片、思维导图、音频记录等。这些工具可以帮助学生将抽象的概念和术语转化为更具体、可视化的形式，使记忆更加深刻和持久。

通过做练习题、解决问题和参与实践活动，将知识应用到实际问题中去。通过实践和应用，不仅可以加深对知识的记忆，还能帮助学生建立与生物学相关的思维模式和解决问题的能力。定期回顾和复习已学的知识，是巩固记忆的重要步骤。

通过复习，可以帮助学生保持对知识的熟悉度和记忆度，并在学习新内容时建立联系和扩展前面学过的知识。记忆生物学知识并不仅仅是追求记忆的数量，更重要的是理解和应用。因此，在记忆的过程中，要注重理解概念和原理，将知识与实际情境联系起来，培养批判性思维和问题解决能力。

每个人的学习方式和记忆能力可能不同，所以学生可以尝试不同的学习方法，找到适合自己的方式，提高记忆效果和效率。

三、缺乏实践经验

生物学通常需要通过实验和观察来学习。但由于实验条件的限制，中学生可能无法亲自进行复杂的实验，这导致他们在理论与实践联系方面存在一定的困难。确实，中学生由于实验条件的限制，可能无法亲自进行复杂的实验，这可能导致他们在理论与实践联系方面存在一定的困难。然而，这并不意味着中学生完全无法进行实践性学习。

针对这个问题，可以采取以下措施来帮助中学生在理论与实践之间建立联系。尽管中学生可能无法进行复杂的实验，但可以利用模拟实验来帮助他们进行实践性学习。模拟实验是指使用计算机模拟、虚拟实验软件或实验模型等工具进行实验过程的模拟。这样，学生可以通过操作虚拟实验工具来获得实验的经验，并观察实验结果。

生物学是一个涉及生物体、生态系统等自然现象的学科。中学生可以通过观察和记录自然现象，如动植物行为、植物生长状态、生态环境中的变化等，来建立理论与实践的联系。他们可以进行实地考察，观察生物在自然环境中的行为和适应能力，从而加深对生物学概念的理解。

通过案例学习和现实生活问题，将生物学知识与实际问题相关联。中学生可以研究并解决实际问题，了解生物学在各种情景中的应用。教师可以引导学生进行相关主题的讨论和研究，并鼓励他们提出自己感兴趣的问题。尽管中学生可能无法直接进行复杂的实验，但可以邀请专业的科学家或参观科学实验室，以了解真实的实验环境和过程。

此外，参与科学展示和科学比赛活动也是中学生展示实践能力和积累实践经验的机会。尽管实验条件的限制存在一定困难，但中学生仍然可以通过上述方法来帮助他们在理论与实践之间建立联系。这需要教师的引导和培养学生的好奇心、实践能力和批判性思维，以促进他们全面发展并理解生物学知识的应用。

四、缺乏知识的连贯性

生物学的不同领域之间存在着紧密的联系。例如，理解细胞结构与功能与遗传规律之间的关系需要具备一定的专业知识。初学者可能难以将不同领域的知识有机地结合起来，形成一个完整的知识体系。为了帮助初学者更好地理解和应用生物学的不同领域知识，下面提供一些建议。

1. 为了将不同领域的知识有机地结合起来，初学者可以建立一个知识框架。这意味着将不同领域的知识按照逻辑顺序进行组织和分类。例如，可以首先了解细胞结构与功能的基本概念和原理，然后探索细胞遗传和细胞信号传递的关系等。

2. 通过建立清晰的知识框架，可以帮助初学者更好地把握不同领域知识之间的联系。生物学的不同领域之间相互影响，相互依存。初学者应该注重综合学习，不仅仅局限在一个特定的领域。例如，在学习细胞结构与功能的同时，也要了解其与遗传规律的关系。

3.通过综合学习，可以从多个角度理解和掌握生物学的知识。将生物学的不同领域知识与现实生活和实际问题相联系，可以帮助初学者更好地理解其应用价值和实际意义。例如，通过了解细胞结构与功能与人体健康的关系，初学者可以理解为什么健康饮食和运动对细胞功能的重要性。

通过参与综合案例学习和研究项目，初学者可以将生物学的不同领域知识有机地结合起来，并解决实际问题。这种综合性的学习方法可以帮助初学者更好地理解不同领域知识的联系，并培养批判性思维和问题解决能力。

尽管不同领域的知识关联复杂，但通过使用上述方法和逐步学习，初学者可以逐渐建立起完整的知识体系。教师的引导和实践经验的积累也是帮助初学者在不同领域的知识之间建立联系的关键。

五、概念混淆

生物学中存在一些概念相似但含义不同的术语，例如细胞分裂和遗传变异等。学生可能会在掌握这些概念时产生混淆，需要进行更加仔细的学习和理解。例如，细胞分裂和遗传变异是两个在生物学中常见的概念，它们有一些共同点，但含义有所不同。

细胞分裂是指细胞复制和分裂成两个相同的细胞的过程。在细胞分裂中，一种名为有丝分裂的过程发生在有细胞核的真核生物中，而无细胞核的原核生物则发生一种名为二分裂的过程。

细胞分裂是细胞生命周期中一个重要的过程，它对生物体的生长、发育和修复具有重要意义。而遗传变异是指在个体或种群中发生的基因及基因组的变化。

遗传变异可以由基因突变、基因重组、染色体改变等不同原因引起。遗传变异是生物进化的基础，它可以导致个体之间的遗传差异，进而对物种适应性、生物多样性和种群遗传结构等产生影响。为了避免混淆这些概念，学生需要进行更加仔细的学习和理解。以下是几点建议：

1. 仔细阅读教材和学习资料。学生应该认真阅读教材和学习资料，理解细胞分裂和遗传变异的定义和过程。对于概念相似的术语，要注意它们之间的细微差别，理解它们在生物学中的具体含义和作用。

2. 深入研究实例和案例。通过研究实例和案例，学生可以更好地理解细胞分裂和遗传变异在实际生物体中的表现和影响。例如，通过研究不同类型的细胞分裂和各种遗传变异的成因和后果，可以加深对这两个概念的理解。

3. 进行实验和观察，如果条件允许，学生还可以进行一些与细胞分裂和遗传变异相关的实验和观察。通过实践，学生可以更加直观地理解这些概念，加强对它们的记忆和理解。

4. 打好知识基础。学生在学习细胞分裂和遗传变异之前，应该打好知识基础，包括细胞生物学和遗传学的基本原理。这些基础知识将为学生更好地理解细胞分裂和遗传变异提供支持。

5. 最重要的是，学生应该主动参与学习过程，勤思考、多讨论，并利用各种学习资源来帮助他们更好地理解和区分这些概念。同时，教师的引导和解答学生的疑问也是非常重要的。

6. 图表和示意图的理解：生物学中常用图表和示意图来表示生物现象和过程，对于初学者来说，理解和解读这些图表可能存在一定的困难。然而，通过一些方法和实践，可以帮助初学者克服这些困难，并更好地理解和解读生物学图表。

注重图表的标签和图例：仔细阅读图表的标签和图例，了解每个元素代表的含义。图表的标签可以提供信息，帮助理解图表所表示的生物现象和过程。图例通常说明不同颜色或符号的含义，帮助区分数据或组分。

分析图表的结构和组成：观察图表的结构和组成部分，了解它们之间的关系。例如，柱状图可以用于比较不同组或条件之间的变量，折线图常用于显示随时间变化的趋势。理解图表的结构和组成有助于更好地理解图表所传达的信息。

研究轴标和刻度：了解图表的轴标和刻度表示的是什么。轴标通常说明了变量的单位或量表，而刻度则是变量在轴上的分布情况。根据轴标和刻度，可以推断出图表的范围和数据的变化规律。

比较和分析数据：对比不同组成条件的数据，寻找相似之处和差异之处。通过分析数据，可以得出结论和进行推断。也可以结合相关知识和概念，解释数据背后的生物学原理。

练习和实践：多进行练习和实践，通过解析和解读各种生物学图表以及相关文献的图表，提高对图表的理解能力。此外，还可以尝试自行制作图表来表示生物学现象和过程，加深对图表的理解。

应该注意，理解和解读图表需要积累经验和实践。初学者不必急于求成，要耐心地进行学习和实践，逐渐提高对生物学图表的理解能力和解读能力。与老师和同学进行讨论和交流也是非常有益的。

六、心理和情感障碍

中学生在学习生物学过程中可能面临一些心理和情感障碍的困难，这种情况在生物学习初学者是比较常见的，针对这样的问题，我们要对学生进行心理辅导和给他们支持对应的方法和策略，帮助他们顺利地度过困难。

学习焦虑：中学生常常面临学业压力和高考等考试压力，学习生物学的新知识和概念可能增加他们的焦虑感，担心学不好或无法应对考试压力。学习某一门学科可能会增加他们的焦虑感，包括学习生物学的新知识和概念。面对这样的压力，中学生可以采取一些有效的方法来应对。首先，建议中学生要保持一个良好的学习和生活习惯。合理安排时间，制定学习计划，并坚持按时完成任务。适当的休息和运动也是很重要的，可以帮助释放压力和提升注意力。同时，中学生可以积极寻求帮助和支持。可以和家长、老师或同学沟通，分享自己的困扰和担忧。他们可以提供有益的建议和支持，帮助你更好地应对学习压力。其次，制定合理的学习目标也是很重要的。我们应该根据自己的实际情况和能力，制定切实可行的目标，不要给自己太大的压力。每个人的发展和进步都有自己的节奏，关键是保持积极的态度和良好的学习方法。最后，中学生也可以尝试一些放松和缓解压力的方法，比如深呼吸、做运动、听音乐等。这些活动可以帮助我们放松身心，缓解焦虑感。总之，学习生物学或其他学科的新知识和概念对于中学生来说是有一定挑战性的，但通过采取一些有效的方法和策略，我们可以更好地应对学业压力和考试压力。同时，我们也要理解自己的能力和局限性，保持积极的态度，相信自己的努力将会得到回报。

困惑和挫败感：生物学有时候涉及复杂的概念和理论，对于初学者来说可能难以理解，在面对挑战时可能感到困惑和挫败。然而，通过采取适当的学习方法和一些具体策略，可以帮助初学者更好地理解和应对这些挑战。一是，建议初学者要有耐心和毅力。生物学是一个广泛的学科领域，其中的概念和理论需要时间进行吸收和理解。不要期望立即掌握所有的知识，要给自己足够的时间和空间去学习和消化。二是，建议初学者在学习生物学时要注重基础知识的打牢。生物学作为一门科学学科，往往有一定的基本原理和概念。通过打牢基础知识，可以更好地理解后续的复杂概念和理论。三是，建议初学者多进行实践和实验。生物学是一门实验性的科学学科，通过亲自动手进行实验可以帮助加深对概念和理论的理解。可以尝试参与学校或社区的实验活动，或者进行相关的模拟实验。四是，积极参与讨论和请教他人也是提升理解的有效途径。和同学、老师或其他专业人士进行交流，向他们请教困惑的问题，也可以从他们那里获得更多的理解和见解。五是，利用多种资源进行学习也是重要的。除了课本，还可以通过互联网、科普书籍、视频等多种渠道获取相关知识。合理利用这些资源，可以丰富学习内容，同时避免单一的学习方式。总结而言，初学者在面对生物学中复杂概念和理论时可能会感到困惑和挫败，但通过耐心、努力和采取适当的学习方法，可以逐步理解和应对这些挑战。不要放弃，在学习过程中持续积累知识和经验，相信自己的能力，同时充满热情地探索生物学的奥秘。

自信心不足：学生可能因为自身的能力感到不够自信，对于自己学习生物学的能力产生怀疑，缺乏对学科的信心。自信和对学科的信心是学习生物学或任何其他学科时非常重要的因素。对于学生来说，经常会出现对自身能力的怀疑和缺乏自信的情况。以下是一些建议来增强学生对学科的信心：一是，认识到每个人的学习进程是不同的。每个人都有自己的学习风格和节奏。不要过分对比自己和他人的学习成果，也不要将自己与别人相提并论。关注自己的个人进展和成长，建立一个实际而积极的自我评价体系。二是，挑战自己，但也要设定合理的目标。设置具体可行的目标，并逐步朝这些目标努力。当你逐渐达成这些目标时，会有更多的信心来面对学习生物学的难题。三是，请记住努力是有回报的。学习是一个积累和成长的过程。即使你感到困难和挫败，也要记住每一次的尝试都在积累知识和经验。相信你的努力会有回报，即使看不到立竿见影的效果，坚持下去仍然很重要。四是，寻求支持和指导也是加强自信的关键。与家长、老师或同学交流，讨论你的担忧和挑战。他们可以提供鼓励、建议和帮助，帮助你更好地理解和解决问题。五是，请记住，学习是一个持续的过程，错误和挫折是难以避免的。接受这些错误和挫折，并从中学习和成长。相信自己的潜力和能力，坚持不懈地努力，你一定能够克服困难并取得成功。总之，学生可能因为自身的能力感到不够自信，对学习生物学的能力产生怀疑。然而，通过积极思考、设定目标、寻求支持和接受挑战，可以逐渐增强对学科的信心。重要的是要相信自己的潜力和能力，坚持努力地学习和成长。

记忆压力：生物学需要记忆大量的术语、定义和相关知识，学生会面临记忆压力，担心记不住或记错。这可能会给学生带来一定的记忆压力。面对这样的情况，首先，采取有效的记忆方法和技巧。生物学中的术语和定义往往是特定的，需要通过反复记忆和练习才能掌握。可以尝试使用记忆法，如构建联想、制作记忆卡片或图表，以及讲解给别人听等。找到自己适合的记忆方式，并尝试多种方法，根据实际情况进行调整。其次，创造有助于记忆的环境和条件。避免在杂乱的环境中学习，选择一个安静和整洁的地方。合理安排学习时间，避免过度疲劳导致记忆力下降。同时，注意饮食和休息，保持身体健康也对记忆力有积极影响。再次，将所学的知识与实际应用相结合。生物学是一门实用的学科，通过将所学的知识与实际生活、实验或案例联系起来，可以帮助记忆并提高理解。尝试通过观察生活中的现象，或者进行实验和模拟，将理论知识转化为实际经验。此外，复习是记忆的关键。不仅要在学习过程中掌握新知识，还要定期复习已学内容。通过反复复习巩固记忆，并定期回顾和温习过去的知识，可以帮助加强记忆，提高长期记忆能力。最后，与同学、老师或家长进行互动学习。通过交流和讨论，可以加深对知识的理解和记忆，并获取其他人的观点和见解。互助学习不仅可以减轻记忆压力，还能增加对学科的兴趣和自信。总之，学习生物学需要记忆大量的术语、定义和相关知识，可能会给学生带来一定的记忆压力。然而，通过采取有效的记忆方法、创造良好的学习环境、将理论与实际应用相结合、定期复习和与他人互动学习，可以有效地应对这种压力，并提高记忆能力。重要的是持续努力和坚持，相信自己的能力和潜力。

对失败的恐惧：在生物学实验中出现错误或不理想的结果，可能让学生感到气馁和害怕失败，影响他们对学科的积极性和兴趣。这是很正常的情绪反应，但我们可以通过以下方法来帮助他们积极面对挑战。一是，改变对失败的认识。失败并不意味着被击倒，而是提供了学习和改进的机会。鼓励学生将失败视为一次有价值的经验，从中学到什么能改进的，并把这些教训应用到后续的实验中。二是，与学生分享科学家也经历了失败和挫折的事例。告诉他们，科学研究中的失败和错误是很常见的。引用一些著名科学家的例子，如爱迪生的研发灯泡过程中经历的数百次失败，可以帮助学生意识到失败并不代表他们自身能力的问题，而是一个踏上成功之路的必经之处。三是，鼓励学生思考失败的原因，并找到解决问题的方法。帮助他们分析实验中可能出现的错误或不理想结果的原因，并提出可能的解决方案。这样的思考过程可以培养学生的解决问题的能力，并增强他们对实验的理解。四是，老师和家长的支持也是至关重要的。鼓励学生寻求教师或同伴的帮助和指导，以解决实验中出现的问题。教师和家长的理解和鼓励可以帮助学生保持对学科的积极性和兴趣。五是，让学生认识到失败是成功的一个组成部分。在探索未知的领域时，失败是难以避免的，但正是通过失败，我们才能不断改进和取得更大的成功。鼓励学生要坚持努力、保持积极的心态，相信自己的潜力和能力。总而言之，当学生在生物学实验中遇到错误或不理想的结果时，会感到气馁和害怕失败。然而，通过改变对失败的认知、分享科学家的故事、思考失败的原因和解决方法、获得支持和鼓励，学生可以逐渐培养积极应对挑战的能力，并保持对学科的积极性和兴趣。

针对这些困难，学生可以选择使用以下方法来应对。

1. 建立积极的学习态度：培养良好的学习态度和学习兴趣，将生物学视为一种探索和发现的过程，而不仅仅是应付考试的任务。

2. 分解学习任务：将学习内容分解为小块，逐步学习和掌握，这样可以降低学习压力，增加学习的效果。

3. 寻找学习支持：寻求老师、同学或家长的支持和帮助，通过讨论和合作可以更好地理解和消化所学的内容。

4. 锻炼自我调节能力：学会管理学习时间，制订学习计划，并合理分配时间用于学习、复习和休息，以提高学习效率。

5. 培养学习策略：掌握适合自己的学习方法和技巧，如总结笔记、制作图表、口头复述等，以帮助记忆和理解。

6. 接受失败和挫折：失败和挫折是学习的一部分，学会接受并从中学习，寻找问题的解决方法，防止挫折对学习动力的影响。

7. 关注自身的情绪和压力：学会认识自己的情绪变化和压力源，寻找放松和缓解压力的方式，如运动、休息、与家人朋友交流等。

每个人都有不同的学习节奏和方式，在面对困难时要保持积极的心态和耐心，相信自己能够克服困难，取得进步。同时，也要向周围的支持者寻求帮助，共同度过学习生物学的挑战。

观念转变与兴趣培养对中学生在学习生物学的过程中非常重要。可以通过一些方法帮助中学生实现观念的转变和兴趣培养。

1. 中学生可以通过学习生物学的应用领域，如生物医学、环境保护和农业技术等，了解生物学在现实生活中的重要性和意义。这将有助于增加他们对生物学的兴趣，并促使他们愿意去深入学习相关知识。

2. 进行实践探索：中学生可以参加生物学相关的实验、考察和观察活动。这些实践活动可以帮助他们亲身体验科学探索的过程，加深他们对生物学概念的理解，并激发他们对生物学的兴趣。

3. 关注当前热点和新闻：中学生可以关注科学相关的新闻和研究成果，特别是与生物学相关的内容。这可以帮助他们了解最新的科学进展，并激发他们的好奇心和求知欲。

4. 制定学习计划：中学生可以制定一个有条理、可行的学习计划，将生物学的内容分为小块进行学习。这样做可以帮助他们建立起积极的学习习惯，并逐步提高对生物学的理解和应用能力。

5. 寻求帮助和支持：如果中学生在学习生物学的过程中遇到困难，他们可以寻求老师、同学或家长的帮助和支持。有时候，交流和讨论可以启发新的思路，缓解学习压力，并促进观念的转变。

最重要的是鼓励中学生保持对生物学的好奇心和热情。当他们发展出正确的观念和对生物学的兴趣时，学习将会变得更加有趣和富有成就感。

针对中学生生物学习中遇到的困难，我们还可以通过使用以下方法激发中学生对生物学的探索热情，并且进行对症指导。

1. 丰富多样的教学方式：教师可以利用多媒体、实验、观察等多种教学方式呈现生物学知识，以激发学生的好奇心和兴趣。例如，组织实验课程、户外考察，或者使用视频、互动模拟软件等工具增加生物学的趣味性。

2. 培养科学探索精神：鼓励学生提出问题、进行观察和实验，并引导他们通过思考、分析和总结来解决问题。培养学生的科学思维能力，使他们成为主动的问题解决者。

3. 提供探究性学习机会：为学生创造条件，让他们在实际操作中发现问题、解决问题，培养他们的探究能力。例如，设计小组实验、开展个人或团队的研究项目等，让学生亲身参与到科学研究中去。

4. 开展科学俱乐部和科普活动：学校可以组织生物学俱乐部、科学竞赛等活动，为学生提供更广泛的科学交流和展示平台。同时，邀请专业人士或科学家来校演讲，分享最新的研究成果，激发学生对生物学的兴趣。

通过以上措施，可以帮助中学生激发对生物学的探索热情，培养他们的科学精神和独立思考能力，并持续激发他们在生物学领域的兴趣和热爱。

七、知识体系的复杂性

中学生物学在学习过程中还会面临的一个困难就是知识体系的复杂性，生物学作为一门学科，涉及广泛的领域和概念，其中的相互关系和细节较多，可能给学生带来困惑。主要体现在以下几个方面。

1.多样性和广度：生物学是研究生物多样性以及生物体结构、功能、发育和进化等方面的科学。生物种类繁多，从微观的细胞、基因，到宏大的生态系统都是生物学的研究对象。因此，中学生学习生物学需要掌握的知识范围广泛，涉及到很多不同层次和内容的学习。

2.与其他科学交叉的复杂性：生物学与物理、化学、数学等其他科学学科有很强的交叉性。例如，生物化学研究生物分子的化学反应和相互作用；生物物理学研究生物系统的物理特性；遗传学和生态学等领域甚至还需要运用数学模型进行定量分析。因此，学习生物学还需要掌握一些相关的物理、化学和数学知识。

3.概念和原理的抽象性：生物学涉及到许多抽象的概念和原理，如细胞结构、基因遗传和进化理论等。这些概念和原理往往是基于大量的实验研究和观察得出的，对中学生来说可能较为抽象和难以理解。理解这些抽象概念需要学生具备一定的逻辑思维和科学推理能力。

4.验和观察技能的要求：生物学注重实践与实验，学生需要学会使用实验仪器、观察和记录生物现象，并进行数据分析和结果解读。这对于学生的动手能力、观察能力和实验设计能力提出了一定挑战。

中学生在学习生物学时需要通过系统性的教学和深入的学习来全面掌握生物学知识。同时，培养科学思维和实践能力，如观察、实验设计、数据分析和问题解决等，有助于更好地理解和应用生物学知识。

中学生物学在学习过程中面临的知识体系的复杂性的困惑，我们可以通过分类和归纳法和创新的教学资源和工具法来去应对。

1. 分类和归纳的方法

学习中学生物学知识体系的分类和归纳方法具体可以通过以下方法，首先，要对中学生物学知识体系的结构有一个整体的了解。明确知识的主要分支和框架，包括细胞结构、进化、遗传学、生态学等。这有助于进行有意义的分类和归纳。确定共性特征，寻找不同知识点之间的共性特征，即相同的特征、原理或规律。例如，在遗传学中，遗传物质的基本单位是基因，而在生态学中，生态系统的组成单位是生物群落。通过找到这些共性特征，能够将不同的知识点归类到相应的分类中。划分主题分类，将相似性较高的知识点划分到同一个主题分类下。可以根据知识点的内容和属性进行划分，例如，细胞学、生殖与发育、遗传学等。同时，可以根据知识点之间的关系确定所属的上下级关系，形成分类的层次结构。其次，创建概念网络或概念图，通过绘制概念网络或概念图来展示分类和归纳的结果。在概念网络中，使用主题分类作为主要分支，并连接相应的子分类和具体知识点。这有助于形成对整体知识体系的图像化理解，帮助记忆和理解各个知识点之间的关系。最后反复巩固和练习，分类和归纳是一个需要不断实践和巩固的过程。可以通过做习题、解决问题和参加讨论等方式来巩固已学知识，并通过检查自己对知识分类的准确性和完整性来提高自己的分类和归纳能力。

总之，通过了解知识体系结构、寻找共性特征、划分主题分类、创建概念网络以及反复巩固和练习，可以帮助中学生学会有效地进行分类和归纳，更好地理解和掌握复杂的生物学知识体系。

2. 创新的教学资源和工具

在学习中学生物学知识体系的过程中，学生可以通过应用创新的教学资源和工具来辅助学习。

教师可以利用多媒体技术，如投影仪、电子白板等，呈现生动的图片、图表、动画和视频等教学内容。这些多媒体教学资源可以帮助学生更清晰地理解抽象的概念和生物过程，并提高他们的学习兴趣。

互动模拟软件和虚拟实验：通过使用互动模拟软件和虚拟实验平台，学生可以模拟实际的实验操作和观察，并进行数据分析和结果解读。这样的教学资源有助于学生在实践中学习和实验设计中培养技能，帮助他们更好地理解和掌握生物学知识。

网络资料和在线学习平台：学生可以利用互联网搜索和访问各种网络资料、教育网站和在线学习平台等，获取丰富的生物学资源和学习材料。这些资源包括电子教科书、练习题、学习视频以及生物学方面的科普文章等。通过在线学习平台，学生还可以参与讨论、解答问题，与教师和同学进行交流互动。

科学实验室和教育机构的合作：学校可以与科研机构、大学或相关企业等合作，开展生物学实验室教学活动。这样的实验室资源可能提供更先进的设备和技术，帮助学生真实地进行科学实验，深入了解生物学的应用和研究进展。

科学展览和科学竞赛：学校可以组织或鼓励学生参加科学展览、科学竞赛等活动，这些活动可以为学生提供更广泛的科学交流和展示平台。学生可以通过参与科学展览或竞赛，学习其他学生的项目和研究成果，激发他们的创新思维和探索精神。通过应用创新的教学资源和工具，学生可以以更丰富、更具体、更互动和更有挑战性的方式学习中学生物学知识体系，使学习过程更加生动有趣，并提高学生的学习效果和能力。

八、实验和实践的缺乏

中学生物学由于学习中实践的缺乏可能会导致对生物学知识的理解存在一定的局限性。可以通过以下方法加以改善。

1. 加强实验课程：学校可以加大对中学生物学实验课程的支持和投入，为学生提供更多的实验机会。教师可以设计并组织生物学实验，让学生亲身参与实验操作和数据分析，从而深入理解生物学各个方面的概念和原理。

2. 利用虚拟实验软件：如果实验设备和场地有限，可以引入虚拟实验软件，通过计算机模拟的方式进行实验。虚拟实验软件能够提供近似真实的实验过程和结果，帮助学生在虚拟环境中进行实验操作和观察，并进行相关的数据处理。

3. 进行现场考察和户外实践：学校可以组织中学生进行生物学相关的现场考察和户外实践活动。这样的活动能够让学生亲身接触生物学现象和生态环境，并从实践中加深对生物学知识的理解和应用。

4. 鼓励学生独立研究和探索：教师可以鼓励学生进行独立的生物学研究和探索项目。学生可以选择一个感兴趣的生物学主题，制定研究方案并进行实践和数据收集。这样的项目能够锻炼学生的科学思维和实践能力，并培养他们的创新精神和自主学习能力。

5. 教师示范和演示：在没有实验或实践机会的情况下，教师可以通过示范和演示的方式来呈现实验过程和实践技巧。通过观察教师的示范和解释，学生可以初步了解实验和实践的步骤，并理解实验的目的和原理。

这些方法都能有效帮助中学生解决生物学学习中实验和实践的缺乏问题。提供更多的实践机会，培养学生的实验技能和实践能力，让他们能够更深入地理解和应用生物学知识。

要通过推动实验教学的改革来改进中学生物学学习中实验和实践的缺乏问题，可以考虑以下措施。

1. 更新实验设备和实验室条件：学校可以增加投入，更新实验设备，提供更先进的仪器和设备，以确保学生能够有机会进行多种实验操作和观察。同时，改进实验室条件，使实验室环境符合安全、卫生和科学要求。

2. 引入创新性实验课程：教师可以设计和引入创新性实验课程，通过设计多样化的实验项目和场景，激发学生的兴趣和好奇心。这些实验可以基于真实案例、社会热点、科学问题等，使学生感到实验是与他们日常生活和现实世界联系紧密的。

3. 强调实验设计和数据处理：在实验教学中，应注重教导学生实验设计的方法和技巧，培养他们的实验设计能力。此外，应着重培养学生处理实验数据、分析结果和解释实验现象的能力，帮助学生理解和应用实验结果。

4. 鼓励学生独立实验和探究：教师可以鼓励学生独立进行实验和探究项目，培养他们的自主学习能力。教师可以提供必要的指导和支持，但给予学生一定的自由度，让他们自己思考、计划、实施和总结实验过程。

5. 利用信息技术：借助信息技术的发展，可以引入虚拟实验、模拟软件、在线实验平台等新的教学工具。这些工具可以有效地弥补实验设备和资源不足的问题，提供更广泛的实验机会，并为学生提供方便的学习和实践环境。

6. 提供社区和科研机构合作机会：学校可以与科研机构、大学或企业建立合作关系，共享实验室资源和科研设备。同时，鼓励学生参与有意义的科研项目、科学竞赛和科学展览等，拓宽学生实践和探索的范围。

通过推动实验教学的改革，加强实验设备和实验室条件，引入创新性实验课程，强调实验设计和数据处理，鼓励学生独立实验和探究，利用信息技术和促进学校与科研机构的合作，可以有效改善中学生物学学习中实验和实践的缺乏问题，提高学生对生物学的理解和实践能力。

在中学生物学学习中，可以利用现代科技手段加强实践性学习，以弥补实验和实践机会的不足。以下是一些常见的利用现代科技手段加强实践性学习的方法．

1. 虚拟实验软件：通过使用虚拟实验软件，学生可以模拟真实的实验操作和观察过程。这种软件可以提供生物学实验的场景、设备和操作步骤，让学生在虚拟环境中进行实验，并对实验结果和数据进行分析和解释。

2. 视频教学资源：学生可以观看生物学相关的视频教学资源，如实验演示视频、动画和互动模拟视频等。这些资源可以帮助学生更直观地了解实验过程和生物现象，增加对生物学知识的理解和应用能力。

3. 在线实验平台：一些在线教育平台提供了生物学实验的在线模拟和实践环节。学生可以通过这些平台，在网络上进行实验操作和数据处理，获得实践性的学习体验。

4. 科学应用软件和工具：学生可以利用科学应用软件和工具，如基因测序软件、分子模拟软件等，进行生物学实验的模拟和数据处理。这些工具可以帮助学生更深入地了解基因、细胞和分子生物学等方面的知识。

5. 生态观测与数据收集：学生可以利用手机、平板电脑或其他便携设备，在校园或社区中进行生态观测与数据收集。他们可以观察生物群落的组成、生态系统的功能等，收集相关数据，并进行整理和分析，从而加深对生态学原理的理解。

6. 在线科研项目和竞赛：学生可以参与在线科研项目和竞赛，如科学探究类项目、科学报告写作比赛等。这些项目和比赛提供了学生进行独立研究和实践的机会，培养他们的科学思维和实践能力。

通过利用现代科技手段，中学生可以在虚拟环境中进行实验操作、观察和数据处理，参与在线实验平台和科研项目等，以增强实践性学习的体验和效果，提高对生物学知识的理解和应用能力。这种实践性学习的方式可以为学生提供更多的实践机会，培养实验设计和数据处理的能力，丰富学习过程，促进生物学知识的深入学习。

第三章 生物学核心素养的培养与发展

一、培养科学思维和科学方法

生物学核心素养的培养旨在挖掘生物学的本质，不仅理解生命现象特征，还思考生命规律，科学方法在生物学中得以体现。

生物学核心素养包括四个重要因素，即生命观念、科学思维、科学探究和社会责任。在其中，生命观念至关重要。从生命观念的角度看，生命是一种物质形态，具有新陈代谢和自我复制的特性，存在于大自然的随机性环境中。生命观念是对物种生命现象及其相互关联的理解和解释，是经过不断验证的思想，解释生物生命现象的能力，亦是我们青少年培养生命价值观的过程。生命本身无贵贱、高低之分，对生命应怀有敬畏之心。

拥有科学思维，就像携带巨大马力的布加迪进行生命探索。我们要秉持"生命活动离不开细胞"的真理，运用模型、推理、归纳总结等方式认识事物，探索生命规律和奥秘，运用科学思维方法解决问题。然而，在这之前，必须保持严谨、务实、尊重事实的态度。

拥有生物科学思维，相当于拥有进食的工具。若想深入了解生命，就需要进行科学探究，通过观察、提问、实验设计、实施和结果分析等步骤。团队合作无疑是"一人有难，八方支援"的好办法，分配任务、交流讨论能够快速取得结果，培养团队精神，提升团队成员的责任感和集体荣誉感。在掌握以上内容之后，我们必须铭记社会责任，运用对生物学的理解探讨社会事件，理性判断和解释现象，解决日常生活中涉及生物学的问题。在解决问题和探讨生物学现象时，我们要具备担当和责任感，坚持把生命置于首位，相信科学，热爱健康生活，热爱生命。

培养学生生物学的核心素养，使其具备观察世界、探究问题、揭示事物背后真相的能力，理解生物科学的奥妙，认识生物学在现实生活中的重要地位，深刻认识自然界与地球生命的紧密关系，学习科学思维和科学方法，助推学生成长与发展，引导正确的生命观和价值观，拓宽视野，势在必行。

（一）培养观察与实验能力

观察能力作为学生获取重要知识的途径，是每个人都具备的能力。然而，仅凭单一的观察并无法深入了解所观察的事物，就像用肉眼看待一件事情一样。随着科学技术的飞速发展，网络世界已经不再是人们之间小小的社交圈，而是涵盖了大量信息和知识的无边界交流平台。在这个网络世界中，很多人将大部分时间用于消遣，但是这些网络信息往往是片面的、浅显的，很难展现出事物的真实面貌。

有一则新闻报道称，"一位农业科学家在某某店购买了一辆豪车"。在互联网世界中，一些键盘侠开始对此发表各自的独到见解，嘲笑这位科学家，却忽略了他为人民所做的一切。由于个人片面和简单的观察理解，轻率地发表会伤害他人的言论，不仅可能伤害一个人的心灵，甚至可能导致某人放弃生命。

因此，我们应该进行更深入的观察，了解事物的全部面貌，并避免进行主观评价。此外，对于观察对象是否感兴趣也是非常重要的，如果缺乏兴趣，观察就会显得索然无味，难以获取有价值的信息。所以，我们需要掌握正确的观察方法，锻炼观察能力，提高对被观察者的兴趣，从而更好地分析和解决各种问题，学习生物学就是引导学生可以追寻客观的事实依据，从现象到本质的追寻，发现问题和解决问题的思维逻辑培养。

准确的定位能够帮助我们更加细致深入地理解事物，明确知道应该观察什么，才能把握事物的真实面貌。

我们常常听到年长的人说"做事要有条理，才能事半功倍"。按照一定的顺序来进行事务处理，将重要的事情放在前面，而不是把不太重要的事情放在后面，这样才能避免混乱，更清晰地完成任务。

因此在学习生物学这本学科时，我们要注意在观察时我们应该有序有条理，才能做到事无巨细、入微地观察。首先要进行系统性长时间的观察，全面地观察每一个细节，然后从表面开始深入探索。循序渐进，我们就能避免杂乱的情况，就像泡茶一样，逐渐升温，直到水沸腾，才能泡出一壶好茶。观察不仅要有方法，还要有技巧，其中包含四种首要方法：全面观察、重点观察、比较观察和追踪观察。

全面观察是指不放过每一个细节，每一个字等等，做到事无巨细。

重点观察就像数据分析中的众数，选择最重要的点进行观察。

比较观察是通过比较两件事物来判断它们的差异与共性。

追踪观察则是一步一步地观察和探索，从问题出发，逐渐找到线索。

观察需要结合思维去研究探索，两者相辅相成，才能提升观察的准确性。优秀的观察能力不仅有助于学习，而且对生活十分有益。因此，我们应该努力锻炼这一能力，并尝试多种方法进行训练，其中有效的观察法有：生活观察法、实验观察法。

生活观察法：生活观察法是另一种方法，在对生物学有了全面的了解后，我们可以将所学知识运用到生活中。例如，可以选择两朵不同的花进行人工配种，并观察结果的花色、茎的长度等。

在日常生活中，当我们面临压抑和乏味的工作时，我们可能会思考我们对这份工作失去热情和兴趣的原因。很多时候，我们会自以为是地将其归咎于身体上的不适，而偏离了解决问题的正确路径。然而，我们首先应该认识到，是否对某件事情产生兴趣，取决于其本质问题。比如，没有精力去工作可能是由于心理问题或身体问题所致。如果是身体问题，我们可以通过观察身体的状况来判断，例如发烧、无力、咳嗽和嗜睡等。这些实际依据可以证实我们之所以不想工作是因为身体不适。而如果是心理问题，可能会表现在失眠、焦虑、慌乱无助等内心的不安状态，而在身体上并没有明显的不健康状况。心理学通过生物学的分析，可以解释为内啡肽的作用。内啡肽作为一种激素，在实现目标后会给予我们成就感和满足感，让我们感到开心，就像跑步后获得的成就感或者解答问题后的愉悦感。

从而我们可以通过这个来得出结论，我们对工作缺乏兴趣的主要原因是什么？

这正是将生物学应用于实际生活的一个例子，通过观察现象并深入寻找问题的本质，我们可以更好地生活、工作和学习。同时，观察和思考经常伴随着实验的探究，能够帮助我们更深入地研究一门学科。

实验观察法：实验观察法是通过实验来增强我们的思维和观察能力。这种方法以视觉、触觉和嗅觉感官为基础，往往能给人留下深刻的印象，激发对实验观察的热情。

在进行科学探索的过程中，我们应该注重科学性和逻辑性。通过观察和实验，我们能够获取新的知识、掌握技能，并培养独立思考的能力。当我们观察某个现象时，很难准确地判断它是否真实存在。我们需要通过实践和实验来验证它的真实性。

例如伽利略是一个著名的科学家，为了追求真理进行了一系列的实验。亚里士多德曾认为："当两个铁球，一个重10磅，一个重1磅，同时从高处落下时，重10磅的那个先着地，速度是重

1磅的10倍。"但伽利略对此持不同意见。尽管他非常尊重亚里士多德，但他对待真理非常严谨。为了验证是否真的存在着重10磅的铁球先着地，伽利略进行了多次实验，结果都表明亚里士多德的说法是错误的。无论是重量不同的铁球，都会同时着地。

通过在比萨城的斜塔上进行一次公开实验，伽利略向所有人证明了"两个铁球同时落地"这一事实。因此，当我们观察某个现象时，我们需要进行相应的实验来判断其准确性，否则一切只是没有证据的臆测。而在追求真相的过程中，我们同时需要具备一些必要的技能和能力。

我们需要拥有强大的学习能力。良好的学习能力和学习习惯能够更方便地制订学习计划，实现相应的目标，更好地完成任务。随着实验方法的不断更新，实验操作也变得越来越简单。

在这个快速发展的时代，紧跟时代步伐是明智之举。因此，为了不被时代所淘汰，我们需要具备持续学习的能力。学习是进步的源泉，我曾经听过一位长者的话："学无止境，只有在我不断学习的过程中，才感到我的思维仍然年轻！"这句话让我受益匪浅。

除了需要掌握学习能力之外，我们在实验中还需要具备承受艰苦的精神。

当实验需要耗费大量的精力和时间时，当出现错误时，当不了解原理时，当各种误差意外地发生时，我们需要重新开始。很多人选择放弃或者半途而废，但仍有一部分人坚持不放弃，他们的精神变得更加珍贵。

我记得一句老话："吃得苦中苦，方为人上人。"然而，我们只有在能够忍受艰苦的过程中才能真正探寻到其中的真相！为了追求真理，无论遇到什么艰难险阻，我们都应勇往直前！

在生物学实验中，我们需要持续锻炼我们的动手能力。要对待实验充满热情，因为热爱会激发兴趣。我们要特别注意细节，不容许出现错误。我们需要制定完整且系统的实验方案，并按部就班地完成实验，只有这样才能达到最终目标。

生物学的观察与实验是培养学生生物学核心素养的重要手段。它能够让学生以更深层次的方式看待事物，并让学生对待事物更加细致和严谨。在实验和观察的过程中，我们不断积累和总结经验，从中学习并取得进步，从而达到培养和发展核心素养的目标。

（二）培养生物科学探究与问题解决能力

生物科学，作为一门探究生命奥秘的学科，不仅仅是一种知识的积累，更是一种独特的思维方式和解决问题的能力的培养。通过培养生物科学探究与问题解决能力，人们可以更好地理解和应对生命中的各种挑战。

在生物科学的研究中，探究能力它要求我们对现象进行详尽的观察、精确的实验设计以及科学的数据分析和推理。只有通过系统性的探究，我们才能发现问题的本质，并找到解决问题的方法。这要求我们培养生物科学探究与问题解决能力需要从基础开始：

1. 我们需要培养良好的观察力和细致入微的注意力

生物世界中蕴含着各种丰富多样的现象，只有仔细观察，才能揭示其中的奥秘。同时，培养批判性思维，探寻问题的根源也是必不可少的。这种思维方式能够帮助我们剖析问题，找出解决问题的关键。就像当我们凝视一片郁郁葱葱的树叶时，或许会忽略其中微小的细节。但当我们用放大镜仔细观察时，会惊叹于树叶表面微观世界的繁荣。这里仿佛是一个个小型的森林，孕育着无数微小的植物、昆虫和微生物。它们构成了一个微小而又错综复杂的生态系统，让我们领悟到生命的丰富和多样性。

在生物科学的探索中，我们不仅仅是观察者，更是创造者。通过自己的实验和探索，我们揭开了这个神秘领域的面纱。比如，在一个简单的实验中，我们将葡萄渣放入一杯水中，静置一段时间。

当我们仔细观察水中微小的颗粒时,会发现它们竟然不停地运动。这些微生物,轻盈而又无法被肉眼察觉,却是生物界微小的明星。通过自己的实验,我们能够观察并理解不同生物之间的相互作用和共生关系。

2. 培养科学实验能力也是极为重要的

在生物科学中,实验扮演了获取数据和验证假设的关键角色。通过实践,我们可以不断提高自己的实验能力,包括实验设计、实验操作和数据分析等方面。同时,还需要培养仔细和耐心的品质,以确保实验结果的准确性和可靠性。

生物科学揭示了自然界中最基本的规律和机制。然而,想要深入探索生物领域的奥秘,仅仅依靠理论知识是远远不够的。与其他学科相比,生物科学的研究对象异常复杂。生物体内存在着众多微小的分子、组织和系统,它们相互作用、相互影响,构成了一个错综复杂且庞大的网络。要真正理解生物现象背后的秘密,单纯地依靠课本知识是无济于事的。只有通过实验,我们才能真正接触到生物现象的本质。因此,在生物实验中,我们经常需要细心观察微小的变化,察觉那些普通人难以察觉的微小差别。

通过敏锐的观察力,我们才能捕捉到生物体的微妙变化,反复观察同一现象,并进行比对、分析,直到我们获得清晰、准确的观察结果。同时,我们还需要进行精细的操作,如 DNA 提取和细胞分裂的观察。这些操作需要我们的手部灵活性和精确性。只有掌握了这些技巧,我们才能够完成复杂的实验操作。而动手能力的培养,则需要不断进行实践,通过完成各类实验任务,逐渐提升自己的技能水平。

3. 培养实验能力还要注重对实验设计能力的培养

在进行生物实验设计时,我们需要深入了解所研究对象的特性和规律,明确研究问题,并设计相应的实验方案。

一个成功的实验需要我们在设计过程中考虑周全,充分利用实验方法和技术手段，以获得可靠的实验结果。实验设计能力的培养需要我们不断学习积累，并结合实际情况进行灵活的思考和创新。

实验设计就像一位画家绘制栩栩如生的风景画一样，需要选择适当的素材、布局画面、调配色彩，并运用各种绘画技巧。同样地，在实验室里进行生物学探究时，我们需要明确研究的主题，选择合适的实验对象，设计可行的实验方案，并合理安排实验步骤。实验设计能力不仅要求我们灵活运用已有的实验方法，还需要我们具备突破常规的创新思维。只有通过合理设置实验变量、适当设计对照组，以及严谨地收集和分析数据，才能获得准确可靠的实验结果，进一步推动生物科学的发展。

举个例子，假设我们想研究植物生长的影响因素，可以选择不同的光照强度、温度、土壤含水量等因素作为实验变量，通过实验观察不同条件下植物生长的差异。在实验设计中，我们需要思考如何控制其他干扰因素的影响，并确保实验结果的可靠性。只有这样，我们才能得出准确的结论，对植物生长的影响因素有更深入的了解。

而要培养生物学实验能力，我们不能仅仅停留在纸上谈兵，更需要亲身去实践。只有亲自动手，亲自体验，我们才能深刻地理解实验设计的复杂性和重要性。

生物科学探究中的实验能力培养不仅仅是对个人的要求，也对整个学科的发展起着重要的推动作用。实验能力的培养，可以帮助我们更深入地理解生物的本质，推动生物科学的发展和进步。同时，实验能力的培养也可以帮助我们培养批判性思维和解决问题的能力，使我们能够在面对未知的生物现象时，能够采取科学的方法进行研究和分析。

通过培养观察力、动手能力和实验设计能力，我们可以更加深入地了解生物现象的本质，揭开生命的奥秘。同时，实验能力的培养也可以帮助我们培养科学思维和解决问题的能力，为生物科学的发展和人类社会的进步作出贡献。让我们一起努力，成为优秀的生物科学探究者，为生物学的繁荣发展贡献我们的力量。

除了探究能力和实验能力，解决问题的能力也是培养的重点之一。生物科学中常常会遇到各种棘手的问题，需要我们通过科学的思维方式和方法来解决：首先，我们需要培养系统性思考问题的能力，将问题拆解为多个小问题，逐一解决。其次，我们还需要培养创造性思维，寻找非传统的解决方案。生物世界的复杂性和多样性需要我们不断探索和创新，从而找到最佳的解决途径。同时为了培养生物科学探究与问题解决能力，我们还需要创设良好的学习环境和培养方法。学校、家庭和社会都应该为学生提供丰富的实践机会和资源支持，让他们能够充分发挥自己的潜力。最后，培养生物科学探究与问题解决能力也需要注重培养学生的团队合作和沟通能力，因为生物科学的研究往往需要多学科的合作和互相交流。

生物科学探究与问题解决能力的培养是一个充满挑战和机遇的过程。通过培养这种能力，我们能够更好地理解和应对生命中的各种问题，为人类的健康和可持续发展作出贡献。让我们共同努力，培养这种探究与解决的精神，为未来的生物科学发展铺平道路。

在这个过程中，我们需要追寻问题的根源。只有这样，我们才能真正理解生物的本质，解答那些看似不可能解答的问题。

正如诗人笛卡尔所说："观察是生物科学的金矿，只有通过深入观察，才能发现生命的宝藏。"让我们带着对生物世界的好奇心和探索精神，走进这个充满奇迹和谜团的领域，一同探寻生命的奥秘。

二、培养科学知识与概念的理解与应用

（一）培养科学概念的理解与运用能力

生物学是关于生命的科学，在学习生物学时，我们首先要了解生物学中的各个概念。概念是对事物属性抽象的概括，是逻辑的基本构成单元，通过对概念的了解，我们可以更好地理解生物学中的各种现象。生物学涵盖了细胞、能量、遗传、生态平衡和进化等五个大专题。这些专题之间存在着结构与功能、物质与能量、调节与平衡、进化与适应等关系，我们需要深入理解并灵活运用这些关系。

培养对于科学概念的理解与运用能力是生物学核心素养中不可或缺的一部分。在学习生物学的过程中，我们应该掌握并理解这五个大专题的概念，能够准确地运用这些概念来解释和分析生物学现象。这种能力对于我们的生物学学习至关重要。

科学概念是科学知识的基础，是我们理解和掌握生物学知识的关键。我们不能仅仅为了应对考试而学习生物知识，我们更需要生物学保持热爱。只有通过对科学概念的深入理解，我们才能够准确地把握生物学的基本原理和规律，从而更好地解释和分析生物学现象。

与此同时，科学概念的运用能力也是我们进行科学研究和解决实际问题的基础。只有具备了科学概念的运用能力，我们才能够运用所学的知识来解决实际问题，提高自身的科学素养。

生物学是一门综合性的学科，涉及到众多的概念和理论。我们需要通过学习和掌握生物学的基本知识，如细胞结构与功能、遗传与进化、生物多样性等，才能够更好地理解和运用科学概念。因此，我们应该努力学习，建立起扎实的知识体系。

然而，培养对于科学概念的理解与运用能力需要采取多种方法。在教学过程中，老师们应该注重培养学生的科学思维能力。

可以通过提问、讨论和实验等方式引导学生进行科学思维的训练，提高学生的科学思维能力。同时，也可以通过案例分析和问题解决等方式来培养学生对科学概念的理解和运用能力。

科学思维是学生理解和运用概念的基石，学生需要通过运用科学思维来深入领会和应用科学概念。通过具体案例和问题的引导，学生能够将所学的科学概念灵活应用于现实情境中，促进其对科学概念的理解和运用能力的提升。此外，教师们可通过实践活动和实验课程等形式培养学生的科学概念理解和运用能力，让学生亲自动手进行实验和观察，以更好地把握科学概念的本质。

在培养科学概念的理解与运用能力时，我们需注重实践中的应用。在学习生物学过程中，我们应着重将所学的科学概念应用于实际生活中。例如，我们可以观察和研究身边的生物现象，借助所学的科学概念来解释和分析这些现象。同时，我们还可以主动参与科学研究和实验，运用所学的科学概念解决实际问题。通过实践的应用，我们能更好地理解和应用科学概念，提升科学素养。

培养科学概念的运用能力需要我们具备问题分析和解决的能力。科学概念的运用旨在解决实际问题和提出新的理论，因此我们需要具备分析和解决问题的能力，能够将所学的科学概念应用于实际问题中，提出具有合理性的解决方案。教师们可通过案例分析和问题解决的训练，培养学生的问题分析和解决能力，让他们能灵活运用科学概念解决实际问题。

科学概念的理解和运用需要我们具备批判性思维，能够评估和分析所学概念的合理性和适用性。同时，我们还需要具备创新思维，能将已有的概念整合和创新，提出新的理论和观点。教师们可通过讨论和辩论的方式培养学生的批判性思维和创新思维，激发他们对科学概念的兴趣和热情。

培养科学概念的理解与运用能力是生物学核心素养的重要组成部分。学生需要通过科学思维的训练、案例分析和问题解决、实践活动和实验课程等方式培养自己对科学概念的理解和运用能力。同时，学生还应注重将所学的科学概念应用于实际生活中，提升科学素养。只有具备科学概念的理解与运用能力，学生才能更好地理解和掌握生物学知识，提升科学素养水平。

学生要运用科学概念解决问题，需要具备分析和解决问题的能力。运用科学概念是为了解决实际问题和提出新理论。学生要学会将所学科学概念应用到实际问题中，提出合理的解决方案。教师可以通过案例分析和问题解决的训练培养学生的分析和解决问题能力，使他们能够灵活运用科学概念解决实际问题。通过打好基础知识、提升观察和实验能力、培养分析和解决问题的能力以及批判性思维和创新思维，可以帮助学生更好地理解和应用科学概念，提高解决问题的能力和创新思维。这将为学生未来的学习和科学研究奠定坚实基础。

培养观察与实验能力、培养科学探究与问题解决能力以及培养科学概念的理解与运用能力，可以全面提升学生在生物学领域的核心素养。这些核心素养不仅对学生未来的科学研究和职业发展具有重要意义，也有助于他们更好地理解和应用生物知识，提高生活质量。因此，在教育实践中，我们应注重培养学生的科学思维和方法论。培养学生的科学思维、科学方法和对生物学知识的理解与应用能力是重要的。

培养科学思维是指培养学生掌握科学探究的思维方式和习惯。生物学是研究生命现象和生物体结构、功能、发展等规律的科学，培养学生的科学思维是培养他们主动思考、提出问题、观察现象、进行实验和推理的能力。通过培养科学思维，学生能更好地理解和解释生物学现象，培养他们的创新能力和解决问题的能力。

其次，培养学生掌握科学研究方法的能力，即使他们能够熟练地运用科学方法进行生物学的研究和实验。科学方法是科学研究的基本方法论，其中包括观察、提出假设、设计实验、收集数据、分析结果和得出结论等关键步骤。培养学生科学方法的能力即意味着他们需要具备科学研究的基本技能和操作能力，这样他们才能够独立进行实验和研究，并能够准确地收集和分析数据，从而得出准确的科学结论。

而培养学生对生物学知识的深入理解和应用能力是指让学生能够深入理解所学的生物学知识，并能够将其应用于实际问题。学生需要掌握大量的生物学知识，涉及生物体的结构和功能、生物进化和遗传、生物多样性和生态系统等多个方面。培养学生对这些知识的深度理解和应用能力，能够帮助他们更好地理解生物学的基本概念和原理，并将其应用于实际问题的解决，例如环境保护和生物医学研究等。

培养生物学核心素养又有所不同，需要重视学生的科学思维、科学方法和对生物学知识的深入理解和应用能力。培养这些能力将有助于学生更好地理解和掌握生物学的基本概念和原理，并能够将其应用于实际问题的解决。因此，在教育过程中，应注重培养学生的科学思维，引导他们运用科学方法进行研究，以及深入理解和应用生物学知识的能力，以提高学生的生物学核心素养。

（二）培养生物科学知识与现实生活的联系

生物科学作为一门探索生命奥秘的学科，与我们的日常生活密不可分。它贯穿于我们的身体，渗透于我们的生存，并为我们提供了无尽的援助：

首先，生物科学为我们揭示了食物的成分和营养价值。

通过了解食物中的不同成分，如蛋白质、碳水化合物、脂肪、维生素等，我们能够更科学地选择健康的饮食，保护自己的身体健康。同时，生物科学研究了食物的加工和保存技术，使我们能够享受到更安全、美味的食品。

例如蛋白质是身体的建设者，有助于修复受损组织、增强免疫力，而生物科学则告诉我们如何摄取蛋白质保持健康；碳水化合物是身体能量的主要来源，生物科学的发现教导我们选择低 GI（血糖指数）食物，以保持血糖稳定，避免能量波动。生物科学的洞察力让我们对食物有了更全面、精准的认识，从而更好地保护自己的健康。此外，生物科学还深入研究食物的加工和保存技术，确保食品安全。

其次，生物科学不断改进食物的加工技术，使食品在质地、口感和口味上更令人满意。如科学家们通过研究食材的天然发酵作用，开发出了酸奶、豆豉等发酵食品。这些食品不仅营养丰富，还有助于促进肠道健康，提高食物的生物利用率。生物科学就像一位巧妙的厨师，为我们烹饪出了更美味、更有营养的佳肴。通过对食品中有害物质的检测和防控，我们能够确保食物的安全可靠。通过对细胞、基因、免疫系统等领域的深入研究，我们能够更好地理解疾病的成因和发展机制，为疾病的早期预防和治疗提供有力的指导。

再次，生物科学在医学领域扮演着重要而不可或缺的角色。

生物科学为医学的进步提供了坚实的基础和必要的支撑。通过对细胞、基因、免疫系统等领域的研究，我们能够更全面地理解疾病的起因和发展机制，从而为疾病的预防和治疗提供有力的指导。例如，得益于生物科学的进步，基因编辑和免疫疗法等创新技术得以诞生，为癌症等疾病的治疗带来新的希望。

最后，生物科学的研究也使得农作物的改良和新型种植技术的应用有效提高了农作物的产量和质量。通过对植物基因的编辑，科学家们创造出了抗虫害和抗病害的新品种，使得农业生产更加高效和稳定。

作为一个复杂精妙的生命体，人类自身的生命机制被生物科学所揭示。生物科学通过探索细胞、基因、代谢等方面的知识，助力我们更好地了解自身，解读身体的奥秘。对人体生命活动过程的了解不仅有助于我们保护身体健康，还推动了医学和药物研发的前沿。例如，生物科学的进展，使得基因编辑和免疫疗法等创新技术成为可能，为治疗癌症等疾病带来了新的希望。人们凭借生物科学的成果，研发出了许多新型药物，有效地改善了许多患者的生活质量。

作为一个生物体，我们拥有复杂而精妙的生命机制。生物科学通过研究细胞、基因、代谢等方面的知识，帮助我们更好地了解自己，解读身体的秘密。了解人体的生命活动过程，不仅有助于我们保护身体健康，还推动了医学和药物研发的前沿。

人类的生活活动对地球环境造成了巨大的影响，而生物科学为我们揭示了生态系统的复杂性和脆弱性。通过研究物种多样性、生态平衡等问题，生物科学帮助我们更好地认识到环境的重要性，引导我们采取行动保护自然资源，减少对生态环境的破坏，实现可持续发展。

例如利用微生物生产工业原料和开发新型生物材料，通过优化微生物的培养条件和基因组工程技术，利用微生物合成各种化学物质，如酶、抗生素、有机酸等，这种生产方式不仅效率高，而且对环境友好，为工业的可持续发展提供了新的选择。此外，生物科学的研究还推动了新型生物材料的开发，这些材料具备可降解、可再生的特性，可以替代传统材料，减少对自然资源的依赖，降低环境污染的程度。

生物科学的研究带来了许多突破，它不仅为我们提供健康营养的饮食，帮助我们克服疾病、保护环境，还为农业和工业的发展开辟了新的道路。生物科学的进步为我们的生活带来了巨大的便利和进步，不断的探索与创新将引领我们走向更美好的未来。让我们怀揣着对生命的敬畏和探索的热情，与生物科学密切联系，共同书写人类文明的壮丽篇章。

三、培养科学态度与价值观

（一）培养科学的好奇心与批判思维

在生物学的学习和研究中，科学的好奇心和批判思维能够帮助我们深入理解生物现象，提出问题，进行实验和观察，推动科学的发展。

首先，培养科学的好奇心是生物学核心素养的基础。

好奇心是人类认识世界的动力之一，它驱使我们去发现和探索未知的领域。在生物学中，好奇心能够激发我们对生物现象的兴趣，促使我们主动去了解和研究生物的各个方面。

例如，我们可能会好奇为什么某些物种能够适应极端环境，为什么某些疾病会传染给人类，为什么某些动物会有特殊的行为等等。通过培养科学的好奇心，我们能够主动去寻找答案，推动生物学的发展。通过培养科学的好奇心，我们能够主动地去观察和思考生物现象，提出问题，并积极寻找答案。好奇心能够激发我们对生物学的兴趣，推动我们不断地学习和探索。

其次，培养批判思维是生物学核心素养的重要组成部分。

批判思维是指对信息进行分析和评估的能力，能够帮助我们辨别真伪，理性地思考和判断。在生物学中，批判思维能够帮助我们评估科学实验的设计和结果的可靠性，辨别科学观点的合理性和科学论文的可信度。通过培养批判思维，我们能够更好地理解和应用生物学的知识，避免被伪科学和不科学的观点所误导。

在生物学中，我们需要对实验结果、科学理论和研究成果进行批判性思考，以确保科学的可靠性和准确性。批判思维还能够帮助我们发现问题，提出新的观点和假设，并进行实验验证。通过培养批判思维，我们能够更好地理解和应用生物学知识，推动生物学的发展。

为了培养科学的好奇心和批判思维，我们可以采取以下几个

方面的措施:

学校需提供丰富的学习资源和实践机会,如图书、实验设备和实践课程,以激发学生的好奇心和兴趣。同时,组织实验和观察活动,让学生亲身参与科学研究,培养他们的批判思维和实践能力。

再次,教师可以引导学生提出问题,并鼓励他们进行独立思考和探索。通过讨论和交流,学生可以学会思考问题的多个角度,培养批判思维和创新能力。

最后,培养学生的观察和实验技能。观察和实验是培养科学好奇心和批判思维的重要手段。学校可以组织观察和实验课程,教授学生正确的观察和实验方法,培养他们的观察力和实验技能。

总而言之,培养科学的好奇心和批判思维是生物学核心素养的重要方面。通过培养科学的好奇心,我们能够主动去了解和研究生物的各个方面,推动生物学的发展。通过培养批判思维,我们能够更好地理解和应用生物学的知识,避免被伪科学和不科学的观点所误导。

因此,教育机构和教师应该注重培养学生的科学兴趣和好奇心,学生应该积极主动地参与实验和观察,参加科学竞赛和科学论坛等活动,以培养科学的好奇心和批判思维。通过提供学习资源和实践机会,鼓励学生提出问题和进行独立思考,培养观察和实验技能,以及参与科学研究和竞赛,我们可以有效地培养和发展学生对科学的好奇心和批判思维,推动生物学的发展。

(二)培养科学的责任感与社会意识

在生物学中,培养科学的责任感与社会意识是非常重要的。生物学研究涉及到生命的起源、发展和功能,对人类和整个生态系统都有着深远的影响。因此,生物学家需要具备科学的责任感和社会意识,以确保他们的研究和实践对社会和环境产生积极的影响。

首先，培养科学的责任感意味着生物学家需要对他们的研究和实践负责。他们应该遵循科学方法，进行准确、可靠和可重复的实验，并对实验结果进行客观和透明的解释。他们应该遵守科学伦理准则，确保他们的研究不会对人类和动物造成伤害，并尽力避免对环境造成负面影响。此外，生物学家还应该对他们的研究结果负责，确保他们的发现得到正确的解读和应用。

其次，培养社会意识意味着生物学家需要认识到他们的研究对社会和环境的重要性。他们应该关注社会问题，如疾病的预防和治疗、环境保护和可持续发展等。生物学家应该积极参与解决这些问题的研究和实践，并与其他领域的专家和利益相关者合作，共同寻找解决方案。此外，生物学家还应该向公众传播科学知识，提高公众对生物学的认识和理解，促进科学与社会的对话和合作。

为了培养科学的责任感与社会意识，生物学教育应该注重培养学生的科学伦理和社会责任意识。学生应该学习科学方法和伦理准则，并在实践中应用这些知识。他们应该了解生物学的社会和环境影响，并思考如何将他们的研究和实践与社会问题联系起来。此外，学生还应该培养与其他领域的专家和利益相关者合作的能力，以解决复杂的社会和环境问题。

我曾经见过一位教师展示了一门非常有代表性的多媒体考古生物课，将生物学与考古学结合在了一起。

在这门课上，首先，教师向学生介绍了考古学的基本概念和方法。学生们了解到了考古学是一门通过挖掘和研究古代文化遗存来了解人类历史和文化的学科。考古专家通过挖掘古代遗址、发掘和搜集文物，以重建古代社会的生活方式和环境。

接着，教师展示了一些考古发掘的图片和视频，学生们看到了古代人类的工具、陶器、建筑物等文物，以及古代城市的遗址和墓地。这些古代文明的繁荣和衰落引起了学生们浓厚的兴趣。

再次，教师组织学生们进行了一次实地模拟考古体验。教师事先在操场上设置了一些模拟场景，然后将学生们分成小组，每个小组都扮演一个考古专家的角色，在古代遗址中进行文物的发掘和搜集。

学生们兴致勃勃地开始了发掘工作。他们小心翼翼地使用小铲子和刷子挖掘土壤，寻找可能的文物。当他们发掘到一件文物时，会将其搜集起来放入塑料袋，并记录下发现的位置和时间。

发掘结束后，学生们回到教室，开始通过文物分析他们的发现。他们对文物进行分类，并尝试推测其用途和年代。透过对文物的分析，学生们逐渐了解到了这个古代遗址所代表的古代文明的生活方式和环境。

最后，教师带领学生们进行了一次交流。他们分享了自己的发掘和推测，并就其他小组的发掘提出了问题和疑问。通过这次交流，学生们进一步加深了对生态环境的考究和对古代文明的理解。

通过这节有趣的多媒体考古生物课，学生们不仅学到了考古学的基本知识，还培养了对生态环境的考究能力。他们通过实地考古体验，亲身感受了考古专家的工作，并通过文物分析了解了古代文明的生活方式和环境。这样的情景课堂不仅激发了学生的学习兴趣，还培养了他们的观察力、分析能力和合作精神。

在实际教学中，我建议学校组织学生参观博物馆，以增强他们对古代动物生态环境和演化历程的了解，进一步认识到生物多样性的重要性，并培养他们对生物保护和环境保护的责任感和社会意识。

在参观古动物馆时，引导学生仔细观察展品，了解古代动物的外貌特征、生活习性和生态环境。激发他们提出问题和思考的能力。例如，可以讨论某些古代动物为何已灭绝？导致它们灭绝的原因是什么？我们可以从中学到什么？

通过实际案例，学生可以更好地了解考古研究成果，如中国在古生物学领域的重要地位以及保护生物多样性的实践项目，如大熊猫和海龟保护。这让他们认识到保护生物多样性的重要性和现实意义。

在参观结束后，组织学生进行小组讨论和总结，鼓励他们分享观点和感受，并引导他们思考如何将所学知识应用于实际生活。例如，讨论如何保护当地的生物多样性和生态环境，参与环保组织或志愿者活动。

学生积极参与生物学研究和保护工作，培养科学责任感和社会意识。使他们对生物多样性和环境保护问题更加关注，强化理论与实践结合是培养和发展生物学核心素养的重要途径之一。

生物学是一门实践性很强的学科，理论知识只有通过实践才能真正理解和应用。将理论与实践相结合，可以帮助学生更好地理解和掌握生物学的核心概念和原理。通过观察和记录实验现象，分析实验结果，培养科学思维和实验技能。同时可以激发学生的创新意识和解决问题的能力。

生物学的研究涉及多个学科的知识和技能，如化学、物理、数学等。通过实践，学生可以将不同学科的知识和技能应用于生物学的研究中，培养他们的综合能力和跨学科思维，了解科学的本质和科学方法的应用，培养科学思维和科学态度，增强学生的科学素养。同时，也有助于更好地理解和评估科学知识的可靠性和应用性。

第四章　作业任务设计的规划

作为一名高中生，学习是日常生活中的重要部分。以下是一些关于高中生学习的建议。

制订学习计划：制定一个合理的学习计划，包括每天的学习任务和时间安排。有言之"学好数理化，走遍全天下"，数学、物理、化学固然重要，但是在高中学习生涯中，生物也是十分重要的，对于生物的学习可以帮助我们普及生理健康知识等等，对于正值青春少年时期的我们而言，十分有益。

学习的方向性和效率注重课堂听讲：在课堂上认真听讲，理解老师讲解的内容，是学习的重要环节。高中生应该积极参与课堂讨论，及时提问和分享自己的想法。

做好笔记和总结：将重要的知识点、公式、例题等内容记录下来，方便以后复习。同时，定期进行学习总结，梳理知识体系，发现自己的不足之处并加以改进。

培养自主学习能力：除了课堂听讲，高中生还需要培养自主学习的能力。通过阅读相关书籍、资料，参加课外活动、研究性学习等方式，拓展自己的知识面和兴趣爱好。

合理安排时间：高中生需要合理安排时间，既要保证足够的休息和娱乐时间，也要保证足够的学习时间。同时，要提高自己的时间管理能力，避免浪费时间。

培养良好的学习习惯：良好的学习习惯是提高学习效率的关键。高中生应该养成定时定量、专注、认真审题等良好的学习习惯。

关注心理健康：学习压力大是高中生普遍面临的问题。高中生应该学会调节自己的情绪，保持积极乐观的心态，适当进行运动、音乐等放松活动。

高中生应该注重课堂听讲，培养自主学习能力，合理安排时间，培养良好的学习习惯和关注心理健康等方面来提高自己的学习效率和能力。

一、单元作业的内涵和价值

（一）单元作业研究的背景概念及研究意义

随着我国教育事业的不断发展，各式教育也不断发展，包括小学、初中、高中甚至是大学。其中，在单元作业是指在教学过程中，针对某一单元的知识点和技能要求，由老师布置给学生完成的任务。单元作业也是指在学习过程中，根据一定的学习目标和时间要求，将一段时间内的学习内容进行整合和归纳，要求学生完成一系列综合性和有一定难度的任务。这一任务包括：综合性，有一定难度，要独立完成，有目标导向等等。

单元作业要求学生将一段时间内的多个知识点或技能进行综合运用，帮助学生全面理解和掌握所学知识。单元作业要求学生在学习过程中面对一定的挑战和困难，通过解决问题和完成任务提升自己的学习能力和思维能力。单元作业鼓励学生独立思考和解决问题，培养学生的自主学习能力和解决问题的能力。单元作业明确学习目标，帮助学生更好地理解和应用所学知识，提高学习效果。

其中，还存在单元作业的价值，这一价值主要体现在以下几个方面。

深化学习：通过单元作业的设计和完成，学生需要对所学知识进行整合和归纳，从而加深对知识的理解和记忆，提高学习效果。

培养综合能力：单元作业要求学生综合运用所学知识和技能解决实际问题，培养学生的综合能力和创新思维。

培养自主学习能力：单元作业鼓励学生独立思考和解决问题，培养学生的自主学习能力，提高学习动机和学习兴趣。

促进交流与合作：部分单元作业可以通过小组合作完成，促进学生之间的交流和合作，培养学生的团队合作精神和沟通能力。

单元作业不仅有助于深化学习，还能培养学生的综合能力、自主学习能力和合作能力，提高学习效果和学习动机。

单元作业是指在教学过程中，为学生设置的一段时间内需要完成的学习任务或问题。它是教育教学活动的重要组成部分，有着丰富的内涵和价值。建构主义理论认为，学习是一个主动、建构的过程，学生通过与外界环境的互动，通过自身的思考和重构知识，来建立自己的理解和意义。在单元作业中运用建构主义理论，强调学生的主动参与和自主学习。

（二）研究的理论基础

1. 建构主义理论与单元作业

"构建模型是基础"。建构主义理论是一种对学习和知识的理解方式，强调学习者通过自己的经验和活动来构建知识和理解。在建构主义教学中，教师的角色是引导学生的学习过程，促进他们主动参与和探索。在单元作业中，可以运用建构主义理论来设计学习任务和活动，以帮助学生更好地理解和掌握所学的知识。有效地实施单元作业可以更好发挥学生学习的积极性，促进学习积极性有包含：

启发性问题：在单元作业中，可以提供一些启发性的问题，鼓励学生通过思考和讨论来建构他们自己的理解。这些问题可以引导学生思考问题的背景、原因、解决办法等。

项目和实践活动：鼓励学生参与一些实践性的项目或活动，通过实际操作和实践来建构他们的知识和理解。例如，可以组织学生进行实地考察、实验、调研等，让他们亲身体验和探索相关的知识。

合作学习：建构主义强调学生之间的合作和互动，可以设计一些合作学习的活动，让学生通过交流和合作来共同建构知识。例如，可以组织小组讨论、合作项目等，鼓励学生互相交流和分享自己的观点和理解。

建构主义理论与单元作业的结合，能够激发学生的学习兴趣和自主性，提高学生的学习动机和学习效果。通过合作学习和自我反思，培养学生的团队意识和自主学习能力。这种教学模式有利于学生知识的建构和深化，有助于学生形成批判性思维和创新能力。

2. 布鲁姆理论与单元作业

布鲁姆理论与单元作业是教学中常用的两个概念。布鲁姆理论，也称为认知目标分类，由美国教育心理学家本杰明·布鲁姆（Benjamin Bloom）提出，是一种关于教学目标和评估的分类系统。单元作业则是指在教学过程中，为学生设置的一段时间内需要完成的学习任务或问题。

布鲁姆理论对教学目标进行了分类，包括认知领域、情感领域和技能领域。在认知领域中，布鲁姆将认知目标划分为六个层次：记忆、理解、应用、分析、评价和创造。这些层次依次从简单到复杂，构建了学生知识和思维能力的发展路径。其中单元作业可以根据布鲁姆理论的认知层次进行设计，通过设置不同层次的任务和问题，引导学生在不同的认知层次上进行思考和学习。例如，在记忆层次上，可以要求学生进行知识的复述和背诵；在应用层次上，可以要求学生运用所学知识解决实际问题；在评价层次上，可以要求学生对学习材料进行分析和评价。布鲁姆理论的应用可以帮助教师更好地设计和安排单元作业，确保学生在不同认知层次上都能有所收获。通过设置具有挑战性和启发性的任务，激发学生的思维和探究兴趣，促进他们的自主学习和深入思考。

总之，布鲁姆理论与单元作业紧密相关。通过将布鲁姆理论的认知层次融入单元作业的设计中，可以更好地促进学生的认知发展和学习效果。这种教学模式能够激发学生的学习动机和思维能力，培养他们的批判性思维和创新能力。

3. 元认知理论与单元作业

元认知理论是指个体对自身的思维过程和认知活动进行监控、调节和控制的能力。它强调了学习者对学习过程和学习策略的反思、调整和管理，以提高学习效果。单元作业则是指在教学过程中，为学生设置的一段时间内需要完成的学习任务或问题。

元认知理论与单元作业密切相关，对于学习者在完成单元作业过程中的认知过程和学习策略起到重要的指导作用。比如在目标设置上，学习者可以利用元认知策略设定明确的学习目标，明确希望通过单元作业达到什么样的学习结果。目标的设定可以提高学习者的动机和自我激励，使其更有意识地投入到单元作业中。

综上，讲述了单元作业研究的背景概念和理论基础，这对于铺垫高中生物具有重要意义，高中生物学习在高中生涯中占据重要性体现在以下几个方面：

①生物是人类生存和发展的基础；②生物学研究生命的起源、结构、功能和演化规律；③高中生物课程将培养学生对生命科学的基本知识和理解，帮助他们了解自身的生命过程，认识和掌握生物系统中的各种组织、器官和细胞之间的相互关系。这对于学生理解和解决人类面临的健康、疾病、环境和遗传等问题具有重要意义。

高中生物学习的重要性体现在为学生提供了对生命科学的基本认识和理解，培养科学思维和探究能力，为医学和生命科学专业的发展打下基础，并关注生态环境保护和可持续发展。

二、高中生物学单元作业整体设计

在设计高中生物学单元作业时，可以遵循以下原则。

目标导向：明确作业的学习目标和要求，确保作业与课程目标相一致。作业应该有明确的目标，帮助学生掌握相关的知识和技能。

综合性：作业应该综合考查学生对该单元各个方面知识的掌握程度，涵盖不同的知识点和技能要求。例如，可以设计选择题、解答题、实验报告等不同形式的题目。

可操作性：作业应该具有一定的可操作性，学生能够根据指导或提示完成作业。避免过于抽象或难以实施的任务，确保学生能够理解和完成作业。

提高学习兴趣：作业设计应该能够激发学生的学习兴趣和主动性。可以采用多样化的方式和活动，如实验、实地考察、小组合作等，让学生在实践中学习和探索。

个性化：作业设计应该充分考虑学生的个体差异和兴趣特点，尽量给予学生一定的选择和自主权，让他们根据自己的情况和兴趣来完成作业。

反馈机制：作业设计应该有明确的反馈机制，能够及时准确地评估学生的学习成果。可以设计一些自评、互评或教师评价的方式来给予学生反馈，帮助他们理解自己的学习进展和不足之处。通过遵循以上原则，可以设计出既有挑战性又能够促进学生学习的高中生物学单元作业，帮助学生更好地掌握和应用所学的知识。

（一）高中生物学单元作业设计的原则

生物学的知识可以如同浩瀚烟海，关于生物学知识的题目同样也是冗杂繁多，所以在设计高中生物学单元作业时，整体以整体性原则、自主性原则、分层性原则、发展性原则，这四个原则为主。这四个特性在高中生物作业设计中都具有重要性，具体如下。

整体性原则：作业应该具有整体性，即能够综合考查学生对该单元知识的全面理解和应用能力。通过整体性的作业设计，可以促使学生将所学的知识进行整合和运用，培养学生的综合思考能力和学科交叉的能力。

自主性原则：作业设计应该给予学生一定的自主权，让他们能够根据自己的兴趣和能力来选择和完成作业。通过自主性的作业设计，可以激发学生的学习兴趣和主动性，增强他们的学习动机和学习效果。

分层性原则：作业设计应该考虑学生的不同水平和能力，分层设置任务和要求。通过分层性的作业设计，可以满足不同学生的学习需求，使每个学生都能够在适合自己水平的任务中获得学习成果，提高学习效果和满意度。

发展性原则：作业设计应该具有发展性，即能够逐步引导学生从简单到复杂、从表层到深入地掌握和应用所学的知识。通过发展性的作业设计，可以促使学生逐步提升自己的学习能力和思维能力，培养学生对知识的深入理解和应用能力。

以上这四个特性都是为了促进学生全面发展和提高学习效果而存在的。通过充分考虑和运用这些特性，可以设计出更具有吸引力和有效性的高中生物作业，激发学生的学习兴趣，提高他们的学习动机和学习成果。

（二）高中生物学单元作业设计的流程

1. 单元作业设计的理论依据

所谓单元作业设计，可以理解为实现高质量育人。所以设计高中生物学单元作业时，可以依据以下理论和指导方针。

教学课标要求：参考国家和地方的教学课标要求，了解学生在该单元内需要达到的知识、技能和态度目标。根据课标的指导，设计相应的单元作业任务和问题，确保学生能够全面掌握和应用相关的生物学知识。

构建主义教学理念：采用以学生为中心的教学模式，注重学生的主动参与和自主学习。设计开放性的问题和任务，鼓励学生进行自主的探索和思考，培养他们的学习兴趣和动机。

基于思维层次的任务设计：参考布鲁姆认知目标分类理论，将单元作业任务按照记忆、理解、应用、分析、评价和创造等认知层次进行设计。确保学生在不同层次上都能有所收获，促进学生的思维发展和学习效果。

元认知策略的应用：借鉴元认知理论，引导学生在完成单元作业过程中运用元认知策略，如设定明确的学习目标、规划学习过程、监控和调整学习策略等。通过培养学生的学习策略和自主学习能力，提高单元作业的完成效果。

设计高中生物学单元作业时，需要结合教学课标要求、构建主义教学理念、布鲁姆认知目标分类理论、元认知理论、探究性学习和实践应用，以及多元评价策略等多个方面的指导，确保单元作业能够有效促进学生对生物学知识的掌握和应用。

2. 确定单元学习主题

确定高中生物单元学习主题时，可以考虑以下几个方面。

教学课标要求：参考国家和地方的教学课标要求，了解学生在该学年或该学期内需要学习的生物学知识和技能，从中选择适合的主题。

学生兴趣和实际需求：了解学生的兴趣爱好、日常生活经验和关注的问题，选择与他们密切相关、能够引起他们兴趣的主题。例如，健康与生活、环境保护与可持续发展等。

当前热点和社会问题：关注当前的科学发展和社会问题，选择能够与之联系起来的主题。

确定单元学习主题是设计一门课程的重要步骤之一。以下是确定单元学习主题的几个步骤：

查看教材：仔细阅读教材，了解该单元所涵盖的知识点和概念。从中选取几个核心主题或关键概念，以此作为单元学习的主题。

确定学习目标：根据教材和学科标准，明确单元学习的目标和要求。学习目标应该明确、可衡量，并且与学生的实际需求和能力相适应。

考虑学生兴趣和需求：了解学生的兴趣爱好和学习需求，选择与学生相关和实用的主题。这有助提高学生的学习动机和参与度。

整合跨学科内容：考虑将其他学科的知识和技能融入单元学习中，以促进学科间的关联和综合能力的培养。

在确定单元学习主题时，教师需要综合考虑以上几个因素，并根据班级的实际情况进行调整和优化。同时，教师还可以与学生进行讨论和反馈，征求他们的意见和建议，以增加学生的参与度和学习兴趣。

3. 单元教学目标与作业目标

高中生物单元教学目标和作业目标之间存在一定的关联和衔接，以下是它们分别的特点。

单元教学目标：单元教学目标是指在特定的学习单元内，教师希望学生能够达到的知识、技能和态度等方面的预期结果。它们通常是广泛和综合的，涵盖了该学习单元所要求的核心概念、原理和能力等。例如，在遗传学单元中，教学目标可能包括学生能够理解基因、遗传变异和遗传性状等概念，掌握基因组结构和功能的基本知识，了解遗传变异对个体和种群进化的影响。

作业目标：作业目标是指在完成具体的作业任务时，学生需要达到的学习成果。它们通常是具体和可操作性的，与单元教学目标相衔接，有助于实现单元教学目标而设定。

作业目标可以针对性地指导学生在特定的作业中进行思考、探索和表达。在设计高中生物单元教学时，需要设置相应的教学目标和作业目标。

以下是一些典型的高中生物单元教学目标和与之对应的作业

目标示例。

教学目标：理解细胞结构与功能 - 作业目标：解释细胞的基本结构和功能，绘制细胞的结构示意图，设计实验观察细胞的特征。

教学目标：掌握遗传与变异原理 - 作业目标：解释基因、DNA 和染色体的关系，分析遗传性状的传递规律，设计实验观察遗传变异现象。

教学目标：了解生态环境与可持续发展 - 作业目标：描述不同生态系统的组成和相互作用，分析人类活动对生态环境的影响，制定环保行动计划。

以上仅为示例，实际的教学目标和作业目标应根据具体的单元内容和学生群体进行调整。

教学目标旨在指导学生所需达到的知识、技能和态度目标，而作业目标则是通过完成作业任务来实现教学目标，并帮助学生巩固和应用所学知识。确保教学目标和作业目标的一致性和适切性，有助于促进学生对生物学知识的全面理解和应用。

单元教学目标和作业目标是相互关联和衔接的。单元教学目标为整个学习单元提供了宏观的方向和要求，而作业目标则在具体的作业环节中帮助学生实现单元教学目标，促进深入理解和应用。

4. 作业题目的选择、分析和优化

在设计作业时，教师需要参考单元教学目标，将相关的内容和要求转化为具体的作业目标，引导学生完成相应的任务，以达到学习的预期结果。在选择、分析和优化高中生物作业题目时，可以考虑以下几个方面。

关联课程内容：作业题目应与当前教学单元的主题和内容相关。确保作业能够巩固和拓展学生对所学知识的理解和应用。

多样性和层次性：设计多样性的作业题目，包括选择题、填空题、解答题、实验设计等。同时，根据学生的学习水平和能力，设置不同层次的作业题目，有助于适应学生的差异化学习需求。

提供挑战性：作业题目应具有一定的挑战性，能够激发学生的思维和探究欲望。通过设计开放性的问题和复杂性的任务，引导学生进行深入思考和独立探索。

连接现实生活和应用场景：作业题目可以联系实际生活和社会问题，让学生将所学知识与实际应用相结合。鼓励学生运用生物学知识解决生活中的问题，培养实践应用能力。

激发兴趣和培养批判性思维：选择引人入胜和有趣的题目，能够激发学生对生物学的兴趣和好奇心。同时，设计需要推理和分析的问题，促进学生的批判性思维和解决问题的能力。

综合评价：考虑设计不同类型的作业题目，以全面评价学生的知识掌握、实验设计、数据分析和科学推理等能力。例如，结合选择题和解答题，既测试了学生的记忆和理解能力，又要求他们运用知识进行分析和推理。

通过综合和优化这些方面，可以设计出具有挑战性、趣味性和实践性的高中生物作业题目。同时，根据学生的反馈和表现，及时调整和优化题目的难度和内容，以促进有效学习和提高学生的学习成果。

5. 单元作业的评价

高中生物单元作业的评价可以从以下几个方面进行考虑。

符合学习目标：作业是否涵盖了本单元的核心知识点和重要概念，是否有助于学生对生物知识的理解和掌握。

独立思考能力：作业是否鼓励学生进行独立思考和探索，是否能促进学生的思维能力和解决问题的能力。

多样性和趣味性：作业是否多样化，包括了不同类型的题目和题型，是否能够激发学生的兴趣和好奇心。

适度难度：作业的难度是否适中，既能够挑战学生，又不至于让学生感到过于困难和无法完成。

反馈机制：作业是否有明确的反馈机制，包括及时批改和评价，是否能够帮助学生了解自己的学习情况和提供进一步的指导。

单元作业的评价可以从多个方面进行理解。

首先，评价的目的是了解学生对单元知识点的掌握程度、问题解决能力、学习态度和团队合作能力等方面的表现。

其次，评价可以采用定量和定性相结合的方式，例如通过考核成绩、作业表现和学生自评等方式来评价学生在单元作业中的表现。

再次，评价还应关注学生的个体差异，充分考虑学生的认知特点和学习需求，设计不同类型的作业，以促进学生的持续发展。

最后，单元作业的评价是教学过程的重要组成部分，有助于教师了解学生的学习情况并调整教学策略，也有助于学生了解自己的学习状况并改进学习方法，从而更好地实现教学目标。

6. 作业题目组织与形成作业

在评价高中生物单元作业题目组织与形成作业时，可以考虑以下几个方面。

清晰明确：作业题目应该明确指出要求学生完成的任务或问题，避免模糊的描述或歧义性的要求，确保学生能够准确理解并完成作业。

合理有序：作业题目应该按照逻辑顺序进行组织，从简单到复杂或从基础到拓展，帮助学生逐步掌握和应用知识，避免给学生过大的压力或困扰。

多样多层次：作业题目应该包含不同类型和层次的题目，既有基础的选择题和填空题，也有拓展的应用题和思考题，以满足不同学生的学习需求和能力水平。

实际应用：作业题目可以结合实际生活和社会问题，引导学生运用所学知识解决实际问题，增强学生的学习兴趣和动机。

可量化评价：作业题目可以设定明确的评分标准和参考答案，

使学生能够了解自己的答案是否正确，并能通过作业来检验自己的学习进步。

在形成作业时，老师可以根据教学目标和课堂教学内容，结合学生的实际情况和学习能力，选择合适的题目并进行适当的难度调整，确保作业的质量和有效性。同时，老师还可以通过与学生的互动交流，了解学生的学习情况和反馈，及时调整和改进作业的组织和形式，以提高学生的学习效果。

（三）案例分析单元教学目标与作业目标

以基因表达教学设计为例，去分析单元教学目标与作业目标。基因表达实验的意义主要是理解生物体是如何工作的。基因表达是生物体内基因调控的重要环节，通过基因表达，生物体能够合成所需的蛋白质和其他分子，从而维持生命活动。通过实验，我们可以了解基因表达的机制和调控过程，进一步理解生物体的生命活动和发育过程。基因表达是指在细胞中产生蛋白质的过程，它在生物体的正常发育和功能维持中起着至关重要的作用。

疾病研究：许多疾病的发生和发展与基因表达的异常有关。例如，某些基因的表达失调可能会导致癌症或神经性疾病。通过基因表达实验，我们可以研究这些疾病的发病机制，为疾病的诊断和治疗提供新的思路。

药物研发：基因表达的调控也是药物治疗的重要靶点。通过基因表达实验，我们可以研究药物对基因表达的影响，进一步理解药物的作用机制和副作用，为新药的研发提供重要的科学依据。

进化研究：基因表达在不同物种之间存在差异，这反映了生物进化的过程。通过比较不同物种的基因表达模式，我们可以研究物种间的进化关系和适应环境的能力，为进化生物学的研究提供新的视角。

基因表达实验在生物科学、医学、药物研发和进化生物学等领域都有着广泛的应用和价值。

首先，先确定识别 DNA 与 RNA，描述、转录、翻译密码子、反密码子的概念、概述基因的表达。

其次，通过遗传信息的表达过程，认同生命现象的客观存在，逐步形成科学的世界观。

最后，通过探究活动和小组合作，提高学生动脑动手能力，团队协作问题能力。

在"基因表达"实验数据海洋中，我们可以通过 Microarry 分析方法和 RNA-seq 分析方法。其中 Microarry 分析是一种快速高质量的 DNA 分析技术，它可以分析成千上万个基因在不同条件下的快速表达。RNA-seq 分析是一种利用高通量测序技术的快速分析 RNA 的方法，使用这一方法需要进行 RNA 的提取、建库、测序，然后通过数据分析得到基因表达谱。

以下是一个简单的例子：

表 1 展示了三个基因（A、B 和 C）在正常细胞（N）和癌细胞（C）下的表达情况。每个单元格中的数字表示基因在该条件下相对于对照条件下的表达水平（以倍数表示）。

|基因|正常细胞（N）|癌细胞（C）|

|———|———|———|

基因表达水平表

基因	正常细胞（N）	癌细胞（C）
A	1.2	0.8
B	0.5	1.5
C	1.0	2.0

例如，基因 A 在正常细胞中的表达水平是其在癌细胞中的 1.2 倍。基因 C 在癌细胞中的表达水平是其在正常细胞中的 2 倍。通

过比较不同条件下的基因表达水平，可以研究基因在不同条件下的差异表达情况，进一步探索生物过程的调控机制。基因表达数据还可以与其他数据类型（如测序数据、表型数据等）结合使用，以提供更全面和深入的研究和分析。

例如，可以将基因表达数据与测序数据进行整合，分析特定基因或通路的突变和表达水平之间的关系。通过比较不同表型下的基因表达数据，可以研究不同表型之间的差异和相似性，以及与疾病状态的关系。对于研究"基因表达"这一生物知识，对于学生来说具有深刻影响。

设立知识目标：如何识别 DNA 与 RNA，描述、转录、翻译密码子、反密码子的概念，受遗传信息的转录和翻译，理解转述和翻译的物质结构基础以及二者之间的内在联系联系运用数学方法分析碱基与氨基酸之间对应关系，解释中心法则。

设立能力目标：通过基因控制蛋白质的合成培养学生的分析综合能力，通过模拟探究和小组合作培养学生的创新意识，治愈能力和实践能力，利用多媒体课件和课本插图培养和发展学生读图能力和分析能力。

设立情感目标：通过对遗传信息传递与表达的有序性、准确性和独特性的理解，可提升学生关爱、敬畏与珍惜生命的情感体验。学生对基因表达过程的和谐美、基因表达原理的逻辑美也会产生认同。人类探索基因表达奥秘的脚步从未停歇，这印证了科学探索如同一种信仰般客观存在。在此过程中，学生能逐步形成对科学世界观的认同，养成敢于质疑、勇于创新、敢于实践以及严谨求实的科学态度。

基因表达实验是研究基因功能和生物适应能力的重要手段。而"基因表达"实验的数据结果为我们深入探索基因调控网络和生物体对环境变化的相应机制提供了基础，并为今后的研究发展奠定基础。

三、基于深度学习的高中生物学单元作业设计

（一）深度学习与单元作业

深度学习视域下单元教学的教学目标、教学内容、教学过程和教学评价方法各有特征，在单元教学任务设计中，以学科知识体系为基础，依托综合、复杂的解决具体问题或完成具体任务的载体，以澄清前科学概念和解决未知问题为任务，使学生在积极的体验中，通过高阶思维实现对学习内容本质、意义的理解，促进核心素养养成。

单元作业其目的在于改变偏重零碎知识和记忆文字符号的教学，强调学生手脑并用获得完整的知识和经验。"钟启泉提出："教学中的单元是基于一定的目标与主题所构成的教材与经验的模块或单位。"高中生物单元教学目标可分为知识目标、技能目标和情感目标，而作业目标则是为了达到这些教学目标而设计的任务。

下面以某个生物单元为例进行分析。

单元主题：遗传与进化

1. 教学目标：

知识目标

—了解基本的遗传规律和进化理论；

—掌握常见的遗传变异形式和遗传性状的表现规律；

—理解自然选择、遗传漂变等进化机制。

技能目标

—能够分析和解释遗传实验数据；

—能够应用遗传知识解决生物问题；

—具备观察和描述进化现象的能力。

情感目标

—培养对生命多样性的尊重和关爱；

—培养对科学探究的兴趣和好奇心；

—提高对科学伦理的认识和重视；

2.作业目标：

阅读相关文献或教材，并完成相关问题的思考和回答，以巩固和拓展知识目标。

进行一次简单的基因型实验，通过观察和分析数据，培养学生的实验设计和数据分析能力。

针对某个生物种群的遗传特征进行调查和观察，撰写一份研究报告，培养学生的科学探究能力。

参与小组讨论，探讨自然选择在人类进化中的作用，引导学生思考伦理和道德问题，如基因编辑等。

这样设计的教学目标和作业目标能够帮助学生全面掌握遗传与进化的知识和技能，同时培养他们对生物科学的兴趣和对科学伦理的认识。通过多样化的作业形式，学生能够积极参与，提高自主学习和合作学习的能力。

深度学习是指一种在主动加工、深度理解的基础上，学生能够批判性地学习新知识，并将它们融入原有的认知结构中，通过高水平思维活动，灵活运用所学的知识来解决实际问题的一种学习方式。而单元作业则是指在学习过程中，将学习内容划分为若干个单元，每个单元对应一个完整的学习故事，一种课程或学习单位，而非内容单位。单元作业旨在改变学科知识的碎片化教学，实现教学设计与教学目标的有效对接。

深度学习和单元作业之间的关系在于，深度学习倡导单元学习，这里的单元是指一个完整的学习故事，一种课程或学习单位，而非内容单位。深度学习强调从关注单一的知识点、课时转变为单元设计，通过基于问题、基于探究、基于项目等具有创造性和实践性的学习方式，有效促进深度学习。项目式学习可以打破学科的逻辑结构而以项目来统整课程模式，相应地，项目式学习也是一种核心的教学策略以及发展学生高级能力的学习方式。

（二）基础性作业的设计

基础性作业是指那些旨在巩固和复习基础知识、技能或概念的作业任务。它们的设计目的是让学生通过反复练习和巩固来确保他们对基础内容的掌握和理解。

以下是基础性作业的一些设计原则和示例。

目标明确：基础性作业应明确指定所需达到的目标，并将焦点放在基础知识、技能或概念上。

多样化的练习形式：基础性作业可以包括选择题、填空题、简答题、绘图、计算等多种形式，以便学生通过不同方式来强化基础知识与技能。

分步骤指导：为了帮助学生理解和掌握基础内容，基础性作业可以在每个步骤中提供清晰的指导和解释。

渐进性难度：基于适当的难度级别，基础性作业可以从易到难，逐渐增加问题的复杂度和深度，以促进学生的学习进展。

基础性作业的设计是基于学科课程标准，紧扣教材，在深入研究课时内容的基础上，设计突出主干知识内容、凸显基础性作业。这类作业重视其诊断性功能、反馈功能，基础性作业须达到巩固所学知识的作用。基础性作业并不是等同于"基础知识和基本技能"，它还包括基本的观念、方法、能力、素养、品质等，要适应改革需求，建立科学的"基础观"。

此外，基础性作业也要体现综合性，精选作业内容，创新作业形式，凸显综合性。

基础性作业的设计应注重目标明确，旨在巩固学生的基础知识，培养学生的基本技能和能力。基础性作业的设计需要教师深入理解教材和课程目标，根据学生的实际情况进行差异化设计，同时注重反馈与评价、控制作业时间、结合实际生活和学科融合等方面。通过科学合理的基础性作业设计，可以帮助学生巩固基础知识，培养基本技能和能力，提高学习效果和学习兴趣。

（三）探究性作业的设计

探究式作业与传统的作业相比之下，更具有探究性、开放性、整合性的特点。主要目的是为了极大激发学生的学习兴趣，初步接触相关的知识点。探究性作业下的学生的学习目标有很大的改变，学生以原先那种古板枯燥的记忆方法，而更多是富于生活信息，能引导学生懂得搜集、处理信息。让学生从根本上理解知识，摆脱死记硬背的困扰。

其中，探究式作业设计需准确把握的三"度"："多角度""法度""梯度"。

"多角度"：其意义就是要求设计作业时要从不同方面、不同角度进行，防止学生作业机械、古板地去模仿，随便应付，要重点要着眼于提高学生的学习质量，拓宽学生的视野，培养学生探究问题的能力。

"法度"：即为小学科学新课程标准、教材、教师用书、学生等。教师只有以此为准则，对此了然于心时，才能在设计作业时，以学生的发展为目的，并不是为了展示教师个人的能力、业务水平，要使学生在作业中能通过各种有效的途径，完成作业，从而得到能力的培养，和成绩的提升。

"梯度"：探究性作业的设计是一种引导学生主动探究、实践和思考的学习方式。

探究性作业的设计应明确作业的目的，以及希望学生通过探究达到的学习目标。这有助于教师为学生设定适当的挑战，并引导他们进行深入的思考和实践。

（四）实践性作业的设计

实践性作业的设计是为了利用学生的生活经验，结合数学实践活动，将书本知识与生活相结合，在实践中获得多元发展。这种设计旨在促进学生主动、全面发展，以作业为载体的学习活动。

在实践性作业的设计过程中，教师需要注重作业内容的生活化，将数学知识与实际生活紧密联系起来，让学生感觉到数学的真实性和实用性。例如，在《长方形、正方形面积的计算》课程中，教师可以布置学生回家测量并计算家中电视机屏幕的面积或者饭桌的面积等类似这样的作业，从而激起学生的学习兴趣，促使学生们积极地主动地参与到学习中来。

此外，实践性作业也可以帮助学生学会分析问题和解决问题。

实践性作业设计是一种有效的学习方式，可以帮助学生将数学知识应用到实际生活中，增强对数学的理解和记忆能力，同时也可以促进学生的主动学习和全面发展。当然，以下是一些关于实践性作业设计的进一步思考。

目标明确：在设计实践性作业时，教师需要明确作业的目标。这个目标可以是帮助学生理解某个特定的数学概念，或者是让学生应用数学技能解决实际问题。只有目标明确，才能确保作业的内容和设计有针对性。

多元化的学习方式：实践性作业可以帮助学生采用多元化的学习方式。除了传统的阅读和计算练习，学生还可以通过观察、实验、调查、交流等方式进行学习。

培养学生的创新思维：实践性作业可以培养学生的创新思维。教师可以引导学生从多角度思考问题，鼓励他们提出不同的解决方案。

（五）综合性作业的设计

综合性作业的设计是一种系统化、一体化的思维方法，旨在优化作业内容，解决作业碎片化和利用简单化的问题。这种作业形式多样、灵活，可以包括读、写、背诵、做题等传统形式，也可以通过网络、剪纸、绘画等趣味性的形式来完成。

综合性作业的设计是一种考虑学生主体性、全面性、系统性的作业形式，旨在促进学生的主动学习和全面发展。综合性作业的设计，不仅可以帮助学生巩固课堂所学知识，更可以促进学生的自主学习和探究能力的发展。这种作业形式不再局限于传统的书面作业，而是将学生的听、说、读、写、做等多种技能结合起来，让学生通过多种形式来理解和掌握知识。

此外，综合性作业的设计还可以促进学生的合作学习和交流能力。有些作业需要学生以小组的形式完成，学生可以在小组中互相协作、交流讨论，共同解决问题。这样的作业不仅可以增强学生的合作意识和合作能力，还可以培养学生的交流和沟通能力。

综合性作业的设计是一种富有挑战性和趣味性的作业形式，可以促进学生的主动学习和全面发展。教师可以通过设计多种形式的综合性作业，让学生在完成作业的过程中发挥自己的优势和潜力，提高自己的综合素质和能力。另外，综合性作业的设计还可以培养学生的自主学习和自我管理能力。

（六）以实践性作业设计为例

以下是一个生物学实践性作业的设计案例，主题为"植物生长条件的探究"。

目标：学生将通过这个实践性作业，了解植物生长所需的条件，包括光照、水分、土壤类型和温度。他们将通过实验设计和数据分析来探究这些条件如何影响植物的生长。

步骤：

准备阶段：学生将选择一种植物（例如豌豆、向日葵或草）作为研究对象。他们需要为每一种植物准备一个实验用的容器（如塑料盒或小盆），以及所需的材料（如标签、笔、尺子、土壤、水和其他必要的植物生长条件）。

实验设计：学生将设计一个实验，以探究植物生长所需的条件。实验应包括光照、水分、土壤类型和温度等变量。例如，学生可以设置四组实验，每组使用不同的变量（如不同的光照条件、不同的水分条件、不同的土壤类型和不同的温度）。

实施实验：学生将种植植物并观察其生长情况。他们需要记录每个实验组中植物的生长情况，包括高度、叶片数量、颜色等。学生需要确保每个实验组的条件得到严格的控制，以避免干扰实验结果。

数据分析和结论：学生将分析实验数据，找出植物生长的最佳条件。他们可以通过表格或图表的形式展示数据，并撰写一份报告，总结他们的发现和结论。

展示和交流：学生将向全班展示他们的实验结果和结论，并与其他同学进行交流。这将为他们提供一次分享经验和学习的机会。

这个实践性作业旨在培养学生的科学探究能力，同时帮助他们理解生物学的基本原理。通过实验设计和数据分析，学生将更好地理解植物生长所需的条件，以及这些条件如何影响植物的生长。此外，他们还将学习如何有效地与他人沟通和分享自己的发现。

教师还可以鼓励学生进一步扩展他们的研究，以探索更多植物生长的条件。例如，他们可以研究不同种类的植物在不同条件下的生长情况，或者探究更多环境因素（如湿度、风等）对植物生长的影响。通过扩展研究，学生可以更深入地了解植物生长的复杂性，并为他们的科学探究能力打下更坚实的基础。

这个实践性作业不仅有助于学生理解生物学的基本原理，还可以培养他们的科学探究能力、实验设计和数据分析技能，以及与他人沟通和分享的能力。

通过反思和改进，学生可以进一步优化他们的实验设计，提高实验的可靠性和准确性。通过扩展研究，学生可以探索更多植物生长的条件，更深入地了解植物生长的复杂性。这些都将为学生未来的科学研究和学术发展打下坚实的基础。

还有助于学生发展鼓励创新和批判性思维：在反思和改进的过程中，教师可以鼓励学生发挥创新精神，尝试新的实验方法和思路。例如，他们可以尝试使用不同的植物品种、改变光照条件或者调整土壤成分等。联系实际生活：教师可以引导学生将他们在实践性作业中学习到的知识和技能应用到实际生活中。例如，他们可以讨论如何应用植物生长条件的知识来提高农作物的产量，或者如何应用实验设计和数据分析技能来研究其他科学问题。通过联系实际生活，学生可以更深刻地理解科学知识的实际应用价值，并培养出更强的解决实际问题的能力。

通过以上扩展内容，实践性作业的设计可以更加丰富和全面。从准备阶段到反思和改进，再到扩展研究和联系实际生活等环节，都可以为学生提供更多的学习和成长机会。同时，教师可以通过评价和反馈来了解学生的学习情况并给予具体的建议和支持。这些环节不仅可以提高学生的实践能力和综合素质，还可以促进他们的终身学习和个人发展。

四、基于核心素养的高中生物学单元作业设计

（一）生物学学科核心素养与单元作业

生物学学科核心素养是学生在生物学课程学习过程中逐渐发展起来的，在解决真实情境中的实际问题所表现出来的必备品格和关键能力。这些核心素养包括生命观念、理性思维、科学探究和社会责任四个方面。其中，生命观念是生物学核心素养的基础和支柱，生命观念的形成离不开理性思维和科学探究，理性思维是科学探究的重要内涵，科学探究是理性思维的实证过程。

在理解生物学学科核心素养的基础上，教师可以通过设计单元作业来帮助学生培养这些核心素养。单元作业是围绕生物学核

心素养的达成而设计的，具有综合性、探究性和开放性。通过完成单元作业，学生可以运用所学知识解决实际问题，培养其独立思考、创新思维和团队合作能力。

通过理解生物学学科核心素养并将其融入单元作业中，教师可以帮助学生更好地掌握知识，提高其生物学核心素养，为未来的学习和工作奠定基础。除了上述提到的核心素养外，生物学学科还有其他一些重要的核心素养，例如科学思维和科学精神等。这些核心素养的养成，不仅需要教师在课堂上进行引导和培养，也需要学生在实践中不断探索和学习。

为了更好地培养学生的生物学核心素养，教师可以采取以下措施：

创设真实情境，设计具有实际意义的问题，引导学生运用所学知识解决实际问题，培养其生命观念、理性思维和科学探究能力。

注重实验和实践教学，让学生亲身参与实验、实践操作，培养其动手能力和创新精神。

组织小组合作探究活动，让学生在合作中互相学习、互相帮助，培养其团队合作能力和沟通能力。

生物学学科核心素养的培养需要教师在教学过程中不断引导和培养，同时也需要学生的积极探索和学习。

（二）体现生命观念的单元作业设计

体现生命观念的单元作业设计是指在教学单元中融入生命观念，通过作业的形式来帮助学生理解生命的意义和价值，培养他们的生命意识和生命责任感。具体来说，体现生命观念的单元作业设计可以通过以下方式来实现。

观察生命现象：让学生观察生命现象，如植物生长、动物行为等，以帮助他们了解生命的特征和规律，感受生命的奇妙和美好。

体验生命过程：让学生通过亲身体验生命过程，如参与种植、养殖等活动，以帮助他们了解生命的产生和成长过程，增强对生命的认识和感悟。

探讨生命意义：让学生思考生命的价值和意义，如探讨人类存在的意义、探讨生命的意义等，以帮助他们了解生命的本质和意义，培养正确的生命观念和价值观。

体现生命观念的单元作业设计旨在帮助学生更好地理解生命的价值和意义，培养他们的生命意识和责任感，提高自我保护能力，从而更好地珍惜生命。

除了以上提到的几种方式，还可以通过让学生记录自己的生命故事，分享自己成长经历和感受，以帮助他们了解自己的生命轨迹和成长过程，培养正确的生命观念和自我认知能力调查生命安全，让学生调查生命安全的相关问题，如交通安全、食品安全等，以帮助他们了解生命安全的知识和技能，提高生命安全意识和自我保护能力。

体现生命观念的单元作业设计需要结合学生的实际情况和学科特点，灵活运用各种方式和手段，帮助学生更好地理解生命的价值和意义，培养正确的生命观念和情感表达方式，提高自我保护能力和社会实践能力和综合素质。

（三）体现科学思维的单元作业设计

体现科学思维的单元作业设计是指在设计单元作业时，注重培养学生的科学思维能力和科学探究精神。下面是一些体现科学思维的单元作业设计的建议。

创设问题情境：在单元作业中，设计真实、有意义的问题情境，让学生通过解决问题来培养科学思维和解决问题的能力。

鼓励自主探究：设计开放性的单元作业，鼓励学生自主探究、自主学习，培养学生的创新能力和独立思考能力。

注重实证研究：在单元作业中，安排实证研究的内容，让学生通过实验、观察、记录等方式获取数据，并运用科学方法进行分析和总结。

促进合作交流：设计需要合作完成的单元作业，鼓励学生之间互相交流、合作，培养学生的团队合作精神和沟通能力。

引导反思总结：在单元作业中，设计反思总结的环节，让学生对自己的学习过程和结果进行反思、评价和总结，帮助学生形成自我意识和自我调控能力。

通过以上建议，可以有效地将科学思维融入单元作业设计中，帮助学生提高科学素养和探究能力可以有效地将科学思维融入单元作业设计中，帮助学生提高科学素养和探究能力的同时，也促进了学生的全面发展。

（四）体现科学探究的单元作业设计

体现科学探究的单元作业设计是指针对特定主题或单元，结合课程内容和学生实际情况，设计出具有探究性质和实际意义的作业。这种作业设计的目的是激发学生的学习兴趣和探究精神，促进他们对科学概念和原理的理解，培养他们的科学思维和实践能力。

体现科学探究的单元作业设计的特点包括以下几点。

主题明确：作业设计的主题应与课程内容紧密相关，让学生明确探究的目标和方向。

探究性：作业应具有探究性质，让学生通过观察、实验、调查等方式，探索和发现科学现象和规律。

实践性：作业应具有实际意义，让学生通过实践操作，加深对科学原理和方法的理解。

跨学科性：作业可以涵盖多个学科领域，让学生综合运用不同学科的知识和方法，培养跨学科能力。

评价多元：作业评价应采用多种方式，包括学生的自我评价、互相评价、教师评价等，以全面了解学生的学习情况和表现。

设计体现科学探究的单元作业时，需要考虑以下几点。

学生的实际情况和需求：了解学生的年龄、兴趣、认知水平、学习风格等因素，设计适合他们的探究主题和任务。

课程目标和内容：结合课程内容和学生实际情况，设计出符合课程目标的作业，突出探究性和实践性。

成果展示和评价：学生完成作业后，组织成果展示和交流活动，让学生互相学习和借鉴。同时采用多种评价方式，全面了解学生的学习情况和表现。

拓展和延伸：在完成探究任务的基础上，教师可以引导学生进一步拓展和延伸，提出更深层次的问题和挑战，激发他们的求知欲和探索精神。

同时，这种单元作业设计也可以促进学生的批判性思维和问题解决能力的发展。例如，学生需要对气候变化对生物多样性的影响进行批判性思考，并提出可能的解决方案。此外，这种单元作业设计还可以增强学生的团队合作能力。

（五）体现社会责任的单元作业设计

体现社会责任的单元作业设计在生物学上，主要是通过引导学生探索生物学在社会发展中的应用，培养学生的社会责任感和批判性思维、问题解决能力、团队合作能力等关键能力，以帮助学生更好地适应未来的社会生活。当然，以下是一些可能的生物学单元作业设计。

基因工程与社会责任：学生可以研究基因工程的应用，如用于治疗遗传性疾病、用于提高农作物的产量和抗性等。然而，基因工程也引发了关于伦理、安全和公平分配的问题。学生可以探讨这些议题，并形成自己的观点。

生物多样性保护：学生可以研究生物多样性的重要性，以及人类活动对生物多样性的影响。他们可以调查当地的物种多样性，并评估人类活动对生物多样性的影响。他们可以提出保护生物多样性的策略，如建立自然保护区或实施可持续发展策略。

环境保护：学生可以研究环境污染的问题，如水污染、空气污染和土壤污染。他们可以调查当地的环境污染情况，并评估污染对人类和生态系统的影响。他们可以提出解决环境问题的策略，如实施环保法规或推广可再生能源。

公共卫生：学生可以研究公共卫生的议题，如疫苗接种、传染病防控和健康生活方式的推广。他们可以探讨这些议题的历史背景、当前状况和未来趋势，他们可以提出改善公共卫生的建议，如加强疫苗接种计划或推广健康饮食。

这些作业设计不仅要求学生掌握生物学知识，还要求他们关注社会问题并积极寻找解决方案。通过这种学习方式，学生可以更好地理解自己的社会责任，并培养出对社会有益的批判性思维和问题解决能力。

（六）体现科学探究的单元作业设计案例

植物生长与光合作用实验的基础包括以下几个方面。

光合作用的基本过程：光合作用是植物生长的基础，它能够将光能转化为化学能，产生葡萄糖和其他有机化合物。这些有机物是植物生命过程中重要的结构组成和能量来源，包括蛋白质、脂肪和核酸等。

光合作用与植物生长的关系：光合作用与植物的生长和繁殖过程息息相关。在光合作用中，光能被捕获并转化为化学能，这种化学能在光合体内被用来合成有机物，以供植物消耗。这些有机物也是植物生命过程中重要的结构组成和能量来源，包括蛋白质、脂肪和核酸等。

光合作用对动物的影响：光合作用不仅对植物的生长发育有

影响，还对动物的生长和繁殖有影响。由于光合作用提供了植物的有机物，这些有机物是动物食物链的基础，动物需要消耗植物来获得营养和能量。

光的质量、强度和持续时间对植物生长的影响：光的质量、强度和持续时间都会影响植物的生长速度和形态发育。足够的光照可以促进叶片的生长和展开，使其能够最大限度地吸收光能。同时，光合作用对植物的繁殖过程至关重要。光合作用提供了植物所需的能量，使其能够产生足够的养分来支持花的形成和开放，以及果实的生长和发育。

光合作用与环境的关系：光合作用与环境密切相关。以下是一个在生物学上体现科学探究的单元作业设计案例，主题为"植物生长与光合作用"。

单元目标：理解植物生长的基本过程和影响因素。探究不同光照强度对植物生长的影响。理解和掌握实验设计和数据分析的方法。

作业设计：

理论学习：阅读相关文献，了解植物生长的过程和影响因素，以及光合作用的基本原理。收集和整理关于不同光照强度对植物生长影响的研究资料。

实验设计：

确定实验对象：选择一种常见的植物，例如豌豆或拟南芥。

设计实验组和对照组：设置不同光照强度的实验组和完全光照的对照组。

实验操作：在相同的环境条件下，分别对实验组和对照组的植物进行培养，记录它们的生长情况。

数据收集：每隔一段时间测量植物的株高、叶片数等指标，并记录在表格中。

数据整理和分析：对收集到的数据进行整理和分析，绘制相应的图表，比较不同光照强度对植物生长的影响。

以下是一个植物生长与光合作用实验数据的例子。

植物生长和光合作用原理：植物生长和光合作用的基本原理是光合作用。光合作用是植物利用阳光能量将二氧化碳和水转化为葡萄糖和氧气的过程，主要发生在植物叶片的叶绿体中。这一过程涉及到光合色素、反应中心、电子传递链等多个复杂的生化过程。

植物叶绿素能够吸收不同波长的光，将光能转化为电子能量。这些电子在反应中心中被激发并传递到电子传递链中，产生负电荷。这些电子通过电子传递链传递，驱动质子泵将质子从基质一侧转运到腔室一侧，形成质子梯度。质子梯度的释放驱动 ATP 合成酶合成 ATP。光合作用中的电子被最终的电子受体接收，通过还原二氧化碳生成有机物质，其中最重要的产物是葡萄糖。植物通过光合作用过程获得能量，并利用这些能量进行生长和代谢活动。

实验名称：探究不同光照强度对植物生长的影响

实验目的：探究在不同光照强度下，植物的生长情况以及光合作用的相关参数，进一步理解光照对植物生长和光合作用的影响。

实验材料：小麦、豌豆、向日葵种子，光照培养箱，测量尺，光合速率测量仪，呼吸速率测量仪，蒸腾速率测量仪。

实验步骤：

①在光照培养箱内设置不同的光照强度，例如弱光、中等光和强光。

②在每个光照强度下种植小麦、豌豆和向日葵种子，观察并记录它们的生长情况。

③使用测量尺测量植物的生长高度，并记录数据。

④使用光合速率测量仪、呼吸速率测量仪和蒸腾速率测量仪，

分别测量三种植物在不同光照强度下的光合速率、呼吸速率和蒸腾速率，并记录数据。

实验数据：

实验数据表

光照强度	小麦生长高度（cm）	豌豆生长高度（cm）	向日葵生长高度（cm）	小麦光合速率（umol/m²/s）	豌豆光合速率（umol/m²/s）	向日葵光合速率（umol/m²/s）	小麦呼吸速率（umol/m²/s）	豌豆呼吸速率（umol/m²/s）	向日葵呼吸速率（umol/m²/s）	小麦蒸腾速率（g/m²/h）	豌豆蒸腾速率（g/m²/h）	向日葵蒸腾速率（g/m²/h）
弱光	12.5	18.0	9.2	3.25	5.10	2.56	2.35	3.20	1.85	3.50	4.90	2.80
中等光	24.0	26.5	16.8	6.75	8.50	4.60	4.70	5.60	3.70	7.20	9.80	5.30
强光	35.2	31.0	22.6	9.85	11.30	6.80	7.20	6.90	5.10	11.50	13.50	7.80

实验分析：从实验数据中可以看出，在不同光照强度下，小麦、豌豆和向日葵的生长高度和光合速率、呼吸速率、蒸腾速率均存在差异。随着光照强度的增加，植物的生长高度和光合速率逐渐增加，而呼吸速率和蒸腾速率也逐渐增加。这说明光照对植物的生长和光合作用具有重要影响。

实验结论：本实验通过观察不同光照强度下小麦、豌豆和向日葵的生长情况以及测量它们的光合速率、呼吸速率和蒸腾速率，进一步证实了光照对植物生长和光合作用的影响。随着光照强度的增加，植物的光合作用增强，从而促进了植物的生长。因此，在实际生产中，可以通过调整光照强度来控制植物的生长速度和质量。

实验建议：根据植物种类和生长阶段提供适当的光照，为了促进植物的健康生长，应该根据植物的种类和生长阶段提供适当的光照。对于需要较强光照的植物，应确保提供足够的光照；对于较耐阴的植物，避免过度暴露在阳光下以免造成伤害。合理安排室内植物的摆放位置，对于室内种植的植物，应根据光照强度和植物的需求来安排它们的摆放位置。例如，需要较强光照的植物应放置在靠近窗户或光线较强的区域，而耐阴植物则可放置在较阴暗的地方。如果室内绿植的光照不足，可以考虑使用人工光源来补充光照，以满足植物的光合作用需求。

通过以上作业设计，学生可以深入理解植物生长和光合作用的基本原理，掌握科学探究的方法和技能，提高自身的实践能力和科学素养。同时，学生还可以通过小组讨论和个人反思，拓展思维和表达能力，培养团队合作和自我反思的精神。

延伸探究：

设计新的实验：基于实验结果和讨论，设计新的实验以进一步探究光照强度对植物生长的影响。例如，可以尝试改变光质、光周期等变量。

查阅文献：查阅最新的文献资料，了解该领域最新的研究成果和技术进展。

撰写研究报告：将新的实验设计和文献资料整理成研究报告，详细阐述探究过程、结果分析和结论。

分享与讨论：在班级或小组内分享自己的探究成果，接受同学和老师的评价和建议，共同探讨植物生长和光合作用领域的新知识。

总结与反思：

总结收获：回顾整个单元的学习过程，总结自己在理论学习、实验设计、实验操作、数据分析、讨论与反思以及延伸探究等方面的收获和不足之处。

制订改进计划：针对自己的不足之处，制订改进计划，包括加强理论学习、提高实验技能、优化实验设计等方面的具体措施和时间安排。

反思学习方式：反思自己的学习方式，总结科学探究类课程的学习方法和技巧，以便在今后的学习中更好地应用和实践。

规划未来学习：根据总结和反思的结果，规划自己在生物学领域的未来学习方向和目标，制定具体的学习计划和实施方案。

通过总结与反思：学生可以全面梳理本单元的学习内容和成果，加深对生物学知识和科学探究方法的理解和掌握，同时也可以提高自身的自主学习能力和自我发展潜力。在制订改进计划和反思学习方式的过程中，学生还可以培养自身的规划能力和自我管理能力，为未来的学习和职业发展奠定良好的基础。

五、基于高考评价体系的高中生物学单元作业设计

（一）高考评价体系与单元作业

高考评价体系是高考命题、评价与改革的理论基础和实践指南，主要用于高考命题人员、高考研究人员、教育考试管理人员以及广大师生学习参考使用。它不是考试大纲，也不是界定考试范围的规范性文件。

而单元作业是以单元为基本单位进行作业布置和评价，它与高考评价体系有所不同。单元作业更注重对学生在一个学习单元中的知识掌握情况进行考查和评价，而高考评价体系则更注重对学生在整个高中阶段的学习成果进行综合评价。

以上信息仅供参考，可以查阅相关的教育文献，以了解更多信息。高考评价体系主要由"一核四层四翼"构成，包括考查目的、考查内容、考查要求等。它以"立德树人、服务选拔、导向教学"为考查目的，以"必备知识、关键能力、学科素养、核心价值"为考查内容，以"基础性、综合性、应用性、创新性"为考查要求。

在单元作业的设计中，应该注重以下几点。

紧扣学习目标：作业内容应该与学习目标紧密相连，旨在帮助学生掌握本单元的核心知识和技能。

难度适中：作业的难度应该适中，既不能过于简单，也不能过于复杂。应该根据学生的学习进度和能力水平，合理安排作业的难度。

形式多样：作业的形式应该多样，包括选择题、填空题、计算题、问答题等。这样可以帮助学生从多个角度来理解和掌握所学知识。

有针对性的评价：对于学生的作业，应该有针对性地进行评价。不仅要关注答案的正确性，还应该关注学生的思考过程和学习态度等方面。

高考评价体系和单元作业是相互关联、相互促进的。通过高考评价体系，可以更好地了解学生的学习情况和综合素质，为后续的教学提供参考；而通过单元作业，可以帮助学生更好地掌握所学知识，提高解决问题的能力。

（二）引领核心价值的作业设计

引领核心价值的作业设计是指在设计作业的过程中，注重培养孩子的核心素养，如创新思维、批判性思考、合作能力、自主学习等。同时，也要关注孩子的个性化需求和兴趣，让孩子在完成作业的过程中，不仅能够掌握知识，还能够培养积极的学习态度和价值观。

具体来说，一个引领核心价值的作业设计应该具备以下特点。

注重培养孩子的核心素养：作业设计应该以培养孩子的核心素养为目标，让孩子在完成作业的过程中，不仅能够掌握知识，还能够培养创新思维、批判性思考、合作能力、自主学习等核心素养。

强调个性化学习和需求：每个孩子都有不同的学习需求和兴趣，作业设计应该考虑到这一点，让孩子根据自己的情况和兴趣选择适合自己的作业，从而激发他们的学习动力和创造力。

注重实践性和应用性：作业设计应该注重实践性和应用性，让孩子通过完成作业来巩固所学知识，并将其应用于实际生活中。

引领核心价值的作业设计旨在培养孩子的全面发展和终身学

习的能力,让他们在未来的生活和工作中更好地应对挑战和机遇。一个好的作业设计应该根据孩子的年龄和学科特点进行设计,以下是一些具体的建议:

针对不同年龄段的孩子,作业设计的难度和内容应该有所不同。对于低年级的孩子,作业设计应该注重基础知识的掌握和基本技能的培养,如识字、认字、计算等。对于高年级的孩子,作业设计应该注重综合能力和思维能力的培养,如分析问题、解决问题、创新思维等。针对不同学科的特点,作业设计的内容和形式也应该有所不同。

(三)巩固必备知识的作业设计

巩固必备知识的作业设计是指在教学过程结束后,为了帮助学生巩固和加深对所学知识的理解和记忆而设计的作业。这种作业设计的目的是使学生能够应用和整合所学的知识和技能,从而提高他们的学习效果和长期记忆能力。

在设计巩固必备知识的作业时,教师应该考虑以下几点。

确定作业的目的和重点:作业应该针对特定的知识点和技能,以便学生能够更好地理解和应用这些知识。同时,作业还应该强调对必备知识的巩固和应用,以帮助学生建立必要的知识框架和技能基础。

作业的难度和复杂性:作业的难度和复杂性应该与学生的能力和需求相匹配。过于简单或过于复杂的作业都可能使学生失去兴趣或感到挫败。因此,教师应该根据学生的实际情况和教学目标来确定适当的难度和复杂性。

巩固必备知识的作业设计是教学过程的重要组成部分,它可以帮助学生在学习新知识后巩固和加深对知识的理解和记忆。在设计这种作业时,教师应该考虑学生的实际情况和能力水平,以确保作业的有效性和适用性。

通过以上这些策略和方法，教师可以有效地设计出巩固必备知识的作业，帮助学生更好地理解和应用所学的知识，提高他们的学习效果和长期记忆能力。

（四）发展关键能力的作业设计

发展关键能力的作业设计是指通过作业的形式来培养和提升学生的关键能力。关键能力是指学生在未来生活和工作中所必须具备的能力，包括创新能力、批判性思维、解决问题的能力、合作能力、沟通能力等。

在作业设计中，教师需要结合学生的实际情况和班级的整体需求，并根据学科的特点和课程标准进行合理的设定。例如，在英语作业设计中，可以设定语法掌握、词汇积累、听说读写能力等多个目标，以全面促进学生的语言能力发展。同时，任务设计是全面发展作业设计的核心内容之一。

任务应当具有一定的挑战性，能够引发学生的思考和求知欲。在任务设计时，教师可以采用多样化的形式，如研究性学习、项目制学习等，让学生能够主动探索、合作学习、解决实际问题。

通过这样的作业设计，学生的关键能力能够得到培养和提升。在作业设计中，教师还需要注重以下几点。

兴趣性：作业设计应该结合学生的兴趣爱好和特长，让学生对作业产生兴趣，从而更加积极主动地完成作业。

层次性：作业设计应该考虑到不同层次学生的需求，设计出不同难度和要求的作业，让每个学生都能够通过完成作业来获得成功感和自信心。

发展关键能力的作业设计需要教师根据学生的实际情况和学科特点，精心设计任务，注重兴趣性、层次性、开放性、实践性和合作性等多个方面，从而帮助学生培养和提升关键能力，为未来的生活和工作做好准备。

（五）提升学科素养的作业设计

提升学科素养的作业设计是指通过合理的作业内容和方式，培养学生全面素养的重要手段之一。作业设计可以拓展学科知识，激发学生学习兴趣和动机，提高自主学习和合作学习能力，培养综合素养和批判思维能力。

为了提高作业的有效性和学生的学习收益，在实际的作业设计中，应遵循情境设置法、探究性学习法和融合多学科设计法等方法。作业设计应与学生的实际生活和未来职业发展紧密相连，通过引导学生解决实际问题，培养学生的实践能力和创新思维。

同时，作业设计还应注重学生的个体差异和兴趣爱好，激发学生的学习兴趣和动力，培养学生的自主学习和终身学习的意识。

提升学科素养的作业设计主要包括以下几类。

知识应用类作业：这类作业是为了帮助学生巩固和应用知识，常常以书面语言表达、图表概念梳理等方式进行，以加深学生对知识的学习和理解。同时，这类作业还引导学生应用所学的知识解决生活中的真实问题，拓展学生的思维深度和广度，达到知识内化、迁移的目的，从而实现深度学习。

探究体验类作业：这类作业以课堂教学知识学习和学生现有生活经验为基础，引导学生在探究思考过程中逐渐升华认知、提高素养、发展思维。同时，这类作业尤其要注重学习与生活的联系，引导学生建立起课堂学习与课后生活之间的联系，做到探究生活现象本质、学以致用。

以巩固必备知识的作业设计案例

"细胞的基本结构"实验的基础包括：显微镜的发明与改进，其中列文·虎克用自制显微镜发现细胞，施莱登和施旺（魏尔肖）建立《细胞学说》。欧文顿通过用 500 多种化学物质进行膜通透性实验，发现膜是由脂质组成的。罗伯特森在电镜下观察细胞膜看到暗—亮—暗三层结构，将细胞膜描述为静态的统一结构。桑格和尼克森提出细胞膜流动镶嵌模型，为后续的实验提供了理论基础。这些发现和发明为"细胞的基本结构"实验提供了重要的基础。

细胞的基本结构实验原理是，细胞内的物质有一定的浓度，把细胞放入清水中,细胞由于吸水而涨破,除去细胞内的其他物质,得到细胞膜。

以下是一个可能的"细胞的基本结构"实验数据记录示例：

实验日期：XXXX 年 XX 月 XX 日

实验者：XXX

实验目的：观察细胞的基本结构，包括细胞膜、细胞质和细胞核。

实验材料：

1. 显微镜

2. 载玻片

3. 盖玻片

4. 显微镜用吸管

5. 生理盐水

6. 清洁棉球

7. 镊子

8. 滴管

9. 细胞样品（如血细胞、上皮细胞等）

实验步骤：

① 使用清洁的载玻片和盖玻片，用吸管吸取适量的生理盐水，将载玻片和盖玻片擦拭干净。

②使用吸管或滴管将细胞样品滴加在载玻片上，盖上盖玻片，轻轻摇晃以使细胞均匀分布。

③将显微镜对准载玻片，调整焦距，直到清晰地看到细胞的

形态和结构。

④观察并记录细胞的形态、大小、内部结构等特征。特别注意细胞膜、细胞质和细胞核的形态和分布情况。

⑤用清洁棉球轻轻擦拭载玻片和盖玻片，以去除多余的细胞样品。

⑥重复以上步骤，观察不同种类的细胞样品。

实验结果：

在显微镜下观察到不同类型的细胞具有不同的形态和内部结构。大多数细胞具有明显的细胞膜、细胞质和细胞核。细胞膜包裹着整个细胞，形成细胞的外部边界；细胞质包含着细胞的各个组成部分，如线粒体、内质网等；细胞核位于细胞的中心，控制细胞的生长和分裂。此外，还观察到一些其他结构，如染色体、胞质环流等。

实验讨论：

通过观察不同种类的细胞样品，我们可以了解到不同类型细胞的基本结构和特征。这些数据对于理解细胞的生命活动和疾病的发生发展具有重要意义。例如，癌细胞的结构与正常细胞不同，可以通过观察细胞的形态和结构来判断其是否为癌细胞。此外，通过对细胞的研究，还可以了解到不同类型细胞的生理功能和特点，为医学和生物学研究提供基础数据。

细胞的基本结构实验具有重要的意义：

首先，它有助于我们更好地理解生命的本质。通过深入研究细胞的结构和功能，我们可以揭示生物体内部复杂的调控机制，和方法。

其次，细胞结构与功能的研究可以为人类健康提供科学依据。通过研究细胞的结构和功能，我们可以揭示疾病的发生机制，探索新的治疗方法和药物靶点，为疾病的预防和治疗提供新的思路学生绘制细胞结构图。

最后，细胞结构与功能的研究还可以推动生物技术的发展。通过深入研究细胞的结构和功能，我们可以开发新的生物材料和生物工艺，推动生物医药、农业和环境保护等领域的创新和发展。

综上所述，细胞的基本结构实验对于我们的生命科学研究和人类健康具有重要意义。

以下是一个高中生物中巩固必备知识的作业设计案例，以"细胞的基本结构"为主题。

作业名称：细胞结构的拼图游戏

目的：巩固学生对细胞基本结构的理解，记忆细胞各个部分的功能和组成。

准备材料：打印出不同大小的细胞结构图片，包括细胞膜、细胞质、细胞核、线粒体、叶绿体、核糖体、内质网、高尔基体等。将每个部分剪成小块，并打乱顺序。

同时准备一张空白纸张用于探索生命的起源和进化。学生需要在空白纸张上绘制一个细胞结构图，包括细胞膜、细胞质、细胞核和其他细胞器，并将剪下的部分拼接到正确的位置上。要求学生在拼接的过程中，详细描述每个部分的功能和组成。

学生在完成拼图后，需要提交一份关于自己对于细胞结构理解的报告。报告中应包括各个部分的功能、组成以及它们在细胞中的重要性。

教师评价：教师根据学生的拼图结果和报告内容进行评价，纠正错误的理解，鼓励正确的理解，并给出反馈和建议。

这个作业设计通过拼图游戏的方式，让学生更直观地理解细胞的结构，并在实践中巩固了必备知识。同时，学生在拼接的过程中需要详细描述每个部分的功能和组成，这有助于他们更好地理解和记忆这些知识点。最后，教师根据学生的拼图结果和报告内容进行评价，可以及时纠正学生的错误理解，并给出反馈和建议，帮助他们更好地掌握细胞结构的知识。

这个作业设计让学生有机会亲身设计和实施实验，通过实验来深入理解细胞器的功能。同时，这个作业也提高了学生的实验技能和分析能力，他们需要预测实验结果，并基于实验数据进行分析和反思。最后，教师可以通过观察学生的实验设计和报告内容，了解学生对细胞器功能的理解程度，为他们提供个性化的反馈和建议。

总结与经验：作业设计整体的总结与经验

作业的设计是为了提高教学目标，在"双减"政策的影响下，作业也被纳入了教研之中，一份高质量的作业设计可以提高学生学习的兴趣，还可以一边巩固一边学习。在作业设计方面，我总结了以下一些经验。

注重情景化作业设计：将作业的背景设定在具体的情境中，比如生活场景、工作场景等，可以增加学生的代入感，提高他们的学习兴趣。同时，这种情境化的设计也有助于学生更好地理解和应用知识。

整体作业设计观念的构建：在设计和布置作业时，应从全局出发，将各个知识点和技能点有机地串联起来，形成系统的知识网络。这样可以帮助学生更好地理解和记忆知识，提高他们的综合运用能力。

注重作业来源的拓展：除了教材和教辅资料外，还应积极寻找其他的作业来源，比如网络资源、社会实践等。这样可以丰富作业的形式和内容，提高学生的积极性。

注重作业功能的综合定位：作业不仅是巩固和拓展知识的工具，还应具有培养学生的创新思维、实践能力等多种功能。因此，在设计作业时，应考虑这些综合因素，使作业发挥最大的作用。

作业功能综合定位是一种全面、系统的方法，它通过对作业流程中各项功能的定位，找出瓶颈和关键环节，制定优化方案，从而提高作业效率和效果。这种方法不仅适用于企业内部的各项作业流程，也可用于其他组织和领域，如政府部门、教育机构等。通过运用作业功能综合定位方法，组织能够更好地了解自身的优势和劣势，制定更为合理的战略和计划，提升自身的竞争力和市场地位。

随着科技的快速发展和市场竞争的加剧，作业功能综合定位将越来越重要。未来，企业需要更加深入地理解和应用这种方法，以更好地优化作业流程，提高效率和效果。因此，需要进一步拓展作业功能综合定位方法的应用范围，以适应更加复杂和多元化的作业场景。

作业功能综合定位是一种非常重要的管理方法，它有助于提高企业的竞争力和市场地位。未来，我们需要进一步深化对其的理解和应用，以更好地适应市场环境和企业发展的需求。

六、作业研究总结与展望

（一）技术辅助下的作业设计

技术辅助下的作业设计是指利用信息技术工具，如计算机、网络等，来辅助完成作业设计的过程。它可以帮助学生更好地整合知识、提高知识水平，并让学生在生活中学习信息技术知识，提高信息技术实践水平。

它可以像小学信息技术教师可以利用计算机辅助教学，通过引导学生掌握浏览网页的技术，帮助他们学会安装浏览器、应用浏览器的搜索引擎搜索网页、学会应用关键词的方式搜索想要的信息。

技术辅助下的作业设计是一种利用信息技术工具来辅助完成作业设计的过程，旨在帮助学生提高学习效果和实践能力。技术辅助下的作业设计具有以下特点。

多样化：技术辅助下的作业设计可以包含多种形式，如在线测试、在线调查、多媒体展示、模拟实验等。这些形式可以更好地满足不同学科、不同学习风格和不同能力水平的学生需求。

个性化：技术辅助下的作业设计可以针对每个学生的特点和需求进行个性化设计。例如，教师可以根据学生的学习进度和能力水平，为学生布置不同难度和类型的作业，以满足学生的个性化需求。

互动性：技术辅助下的作业设计可以增加学生与教师、学生与学生之间的互动性。例如，学生可以在线提交作业，教师可以在线批改和反馈，学生之间可以在线交流和讨论。这种互动性可以增强学生的学习体验和学习效果。

即时性：技术辅助下的作业设计可以让学生随时随地学习和提交作业。在技术辅助下，作业设计可以更加个性化、灵活化和智能化。

也可以包括利用在线平台：利用在线平台，教师可以方便地发布作业、学生可以提交作业，同时还可以进行在线讨论和答疑解惑。这种技术辅助下的作业设计可以更好地跟踪学生的学习进度，及时发现和解决问题。

智能推荐学习资源：根据学生的学习情况和兴趣爱好，教师可以利用技术手段智能推荐相关的学习资源，如视频、文章、练习题等，帮助学生更好地掌握知识和提高学习效果。

定制化作业：根据学生的不同水平和需求，教师可以利用技术手段定制化作业，让每个学生都能够在自己的能力范围内得到最大的发展。

总之，技术辅助下的作业设计可以更好地满足学生的个性化需求，提高学习效果和教学质量。但是，教师在利用技术手段进行作业设计时也要注意不要过度依赖技术，要结合实际教学情况合理使用技术辅助手段。

（二）"教－学－评"一体化的作业设计

"教－学－评"一体化是一种教育理念，它强调在教育教学过程中，将教师的教、学生的学和对学生学习的评价结合起来，以实现教学效果的最大化。在作业设计中，这种一体化体现在以下几个方面。

目标一致性：作业设计的目标应该与教学目标一致，即通过练习和巩固所学知识，提高学生的理解和应用能力。

内容关联性：作业内容应该与教学内容紧密相关，既包括对课堂知识的复习，也包括对新知识点的预习。

方法多样性：作业设计应该采用多种形式和方法，如问答、讨论、案例分析、小组合作等，以便全面评估学生的能力和素质。

评价客观性：对于学生的作业，应该采用客观的评价标准，以便准确评估学生的学习效果。同时，评价结果应该及时反馈给学生，以便他们了解自己的不足之处并加以改进。

反馈及时性：对于学生的作业，应该及时进行批改和反馈，以便学生能够及时了解自己的学习情况和不足之处，进而调整学习策略。

设定明确的目标：在布置作业时，应明确告诉学生本次作业的目标和期望达到的效果，以便他们能够更好地理解和完成作业。

合理安排时间：作业的难易程度和数量要适当，以免学生因作业过多或过难而失去兴趣和动力。

鼓励自主学习：通过设计一些需要学生自主探究、查找资料的作业，培养学生的自主学习能力和解决问题的能力。

提供必要的资源：为了帮助学生更好地完成作业，教师可以提供一些必要的资源，如相关书籍、网站、参考文献等。

及时给予反馈：对于学生的作业，应及时给予反馈，并指出存在的问题和不足之处，以便学生能够及时纠正错误和理解不充分的地方。

鼓励学生参与评价：除了教师评价外，也可以鼓励学生参与评价，如小组内互评、自我评价等，以便更好地促进学生的学习和自我发展。

"教－学－评"一体化的作业设计旨在将教学、学习和评价有机地结合在一起，以提高教学效果和学习质量。在实施过程中，教师应该根据学生的实际情况和教学目标进行合理的设计和安排，以达到最佳的教学效果。

除了以上提到的几个方面，还有一些具体的策略和方法可以帮助实现"教－学－评"一体化的作业设计。通过以上策略和方法，可以有效地实现"教－学－评"一体化的作业设计，提高教学效果和学习质量。同时，也有助于培养学生的自主学习能力、创新能力和实践能力，为他们的未来发展打下坚实的基础。

第五章　正确认识高中生物学与高考的关系

　　"当心沉浸在学术书本里，对外界的消息视若无物。"这句话是我们学生时代的共同信条，在高中时期尤为重要。无论是心中有诗意却置身嘈杂之地，还是心灵沉静却处于雅洁之境，都能让我们的内心得到净化。

　　高中时期是我们人生中一个重要的转折点。我们不可避免地面临着高强度的学业压力，课程的增多、复习的单调和心理的崩溃等等。然而，这些并不妨碍我们取得成功，我们只需要寻求方法，保持冷静，让自己沉淀下来。当我们回首往昔时，会惊喜地发现旁边还有另一条全新的道路，其中，高考就是这新道路之一。

　　高考是中国教育系统中最重要的考试之一，通过高考，学校和社会可以评估学生的学业水平和能力，选拔有学术潜力的学生进入高等教育阶段。作为一种公平公正的选拔方式，所有考生都在同一标准下进行评估，不论他们的背景、贫富差异或地域差异，都有机会通过自己的努力和成绩进入大学。同时高考作为一种选拔机制，有助于公平分配教育资源。学校可以根据学生的成绩和志愿进行录取，使教育资源能够更加合理地分配给有潜力和意愿接受高等教育的学生。此外，高考作为一个重要的目标和挑战，可以激励学生努力学习，提高能力和素质。高考的存在使得学生能够明确自己的目标，更加专注和努力地学习。同时，高考成绩通常被认为是衡量一个人学术能力和知识水平的重要指标，对于一个人的社会认可度和发展机会有很大的影响。

对于来自贫困家庭的孩子来说，高考是改变命运的一条道路。通过高考，他们可以获得更好的教育机会，为未来的职业发展打下基础。此外，高考不仅仅是选拔人才，也是培养人才的过程。在备战高考的过程中，学生需要不断努力提高自己的知识水平和能力，这有助于培养他们的学习能力和毅力。

最后，高考作为中国教育体系的重要组成部分，推动了中国教育事业的发展。通过高考的选拔机制，学校可以选拔出优秀的学生进入高等教育阶段，为国家的未来发展提供人才保障。

高考在中国扮演着重要的角色。它不仅对学生的学业水平和能力进行评估，而且选拔有才华的学生进入高等教育阶段。而且高考还为每个学生提供公平公正的机会，平衡教育资源的分配，激发学生的学习动力，提升个人社会认可度和发展机会，改善个人命运，培养优秀人才并推动教育的发展。

一、高中生物学教学与高考要求的对接问题

高中生物学在学业中扮演着至关重要的角色。高中生物学科的教学需要着重培养学生对知识的理解和记忆能力，以及总结和归纳的技巧。此外，该学科也要注重提升学生的综合能力和生物科学素养。

高中生物学教学与高考要求的对接意义重大，提升学生的生物学科核心素养是新课程和新高考的要求。教师应在实际教学中为学生提供额外的学习内容，并设计具有挑战性的任务，引导学生通过积极的探究实践深刻理解学科重要概念，并运用生物学知识解决问题。这样可以增强学生应对高考的能力，同时也有助于提高他们的生物学科核心素养，为未来的学习和生活打下坚实基础。

加强理论联系实际的能力对学生至关重要。高中生物学科与日常生活和其他学科密切相关，然而目前的教学模式忽视了生物

学科与生活的联系。这增加了学生理解和运用生物知识的难度，也不利于高中生物教学与高考的有效衔接。实现教学与高考要求的对接，可以引导学生将生物理论知识与实际问题相结合，提升他们联系理论与实际的能力。

提升教学质量和效果也是教学与高考要求对接的重要目标。为了适应新高考的要求，教师需要调整教学内容和侧重点。这不仅需要教师对高中生物课程有深入理解和掌握，更需要他们具备出色的教学能力和崇高的职业道德。只有这样，教师才能科学合理地制定教学方案和策略，提高教学质量和效果。

与此同时，高中生物学教学与高考要求的对接有助于增强学生的高考竞争力。高考作为评价教育教学效果的重要环节，教学内容和侧重点必须与考试方向和内容相匹配。实现教学与高考要求的对接，可以帮助学生更好地展示自己的能力和水平，增强他们在高考中的竞争力。

高中生物学教学与高考要求的对接问题具有重要的现实意义和深远的影响。广大教育工作者应积极探索和实践，不断优化教学策略和方法，以更好地适应新形势下的教育改革和发展要求。

高中生物学教学与高考要求的衔接问题是一项至关重要的教育课题。下面是我对这个问题的理解和建议。

明确高考要求：高考是用来衡量学生知识掌握程度和运用能力的重要考试，因此，高中生物学教学应紧密围绕高考要求展开。教师在教学过程中，了解和熟悉高考考试的内容、形式和难度，有助于更好地把握教学重点和方向。

加强基础知识教学：生物学是一门需要扎实基础知识的学科，因此，在教学过程中，教师应注重学生对基础知识的学习和掌握，包括基本概念、基本原理和基本技能等。只有掌握了这些基础知识，学生才能更好地应对高考的挑战。

提升学生能力：高考不仅考查学生的基础知识掌握程度，还考查学生的能力，包括理解能力、分析能力、综合能力和创新能力等。因此，在教学过程中，教师应注重培养学生的这些能力，通过各种教学方法和手段提高学生的思维能力和问题解决能力。

重视实验教学：生物学是一门实验性很强的学科，实验是生物学教学的重要组成部分。在高考中，实验也是重要的考查内容。因此在教学过程中，教师应注重实验教学，提升学生的实验技能和实验能力。

关注学生心理健康：高考对学生来说是一次重要的考试，会给学生带来很大的压力。因此，在教学过程中，教师应关注学生的心理健康，帮助学生缓解压力，提升心理素质，更好地应对高考的挑战。

为了适应高考的要求和变化，高中生物学教学应该与高考要求紧密结合。同时，在教学过程中，教师应注重教授基础知识、培养学生能力、进行实验教学，并关注学生心理健康，以帮助学生更好地掌握生物学知识，提升应对高考的能力。

培养学生自主学习能力是高中生物学教学的重要任务之一，学生应成为学习的核心。教师应致力于引导学生独立思考、发现和解决问题，以培养学生的创新思维和终身学习能力。这不仅有助于学生在高考中展现自己的能力，也为学生的未来生活和职业发展奠定坚实基础。

加强应试技巧：除了知识掌握和能力提升，高中生物学教学还应教授学生一些应试技巧，例如时间管理、答题方法，以及避免常见错误。这些技巧能够帮助学生在高考中更加冷静、有序地完成考试，从而提高分数。

模拟考试与反馈：定期进行模拟考试可以帮助学生熟悉高考的形式和氛围，同时也让教师了解学生的学习状况，以便及时调整教学策略。在每次模拟考试后，教师应及时进行试卷分析和反馈，让学生了解自己的不足，并给予指导改进。

建立良好的师生关系：良好的师生关系能够增强学生的学习动力和自信心，提高教学效果。教师应尊重学生的个性差异，关注他们的情感需求，鼓励学生积极参与课堂活动，为营造一个民主、和谐的教学环境。

与家长和社会资源的合作：高中生物学教学需要学校、家长和社会资源的共同支持。家长应关注孩子的学习状况，提供必要的支持和鼓励；社会资源也应充分利用，例如通过科技馆、博物馆等让学生接触更多生物学知识的途径。

高中生物学教学需要教师在教学过程中注重基础知识的教授、能力的培养、实验教学和心理健康等方面的工作，同时也需要培养学生的自主学习能力、教授应试技巧、进行模拟考试与反馈、建立良好的师生关系，以及与家长和社会资源的合作等多方面的努力。只有这样，才能更好地帮助学生应对高考的挑战，实现高中生物学教学的目标。

二、高考对生物学知识和能力的考查重点分析

高考对于不同科目的考查方向是不尽相同的。因此，由广推及生物单项可以得到高考对于生物的考查方向如下。

①生物学基础知识：考试会检查考生对生物学基本概念、原理和理论的理解和掌握，如细胞的结构和功能、物质代谢、能量转换、遗传与变异、生态系统等。

②科学思维能力：高考重视考查考生的科学思维能力，包括分析问题、解决问题的能力，以及基于事实的抽象和概括能力。考生需要运用科学推理的方法对不同观点进行质疑、批判，并提出创造性见解。

③实验探究能力：高考强调对考生实验探究能力的考查，要求考生能够设计实验方案、进行实验操作、分析实验数据，并得出结论。同时，考生还需要对特定的生物学现象或事实进行观察、

提问、讨论和交流。

④创新与创造力：高考鼓励考生在掌握基本生物学知识的基础上发挥创新与创造力，提出新的解释或进行进一步的探究。尤其是面对新的问题时，考生需要能够运用新的思维和方法解决问题。

⑤社会责任与担当：高考还考查考生的社会责任与担当意识，包括尊重生命、热爱生命、健康生活、关爱他人、保护环境等责任意识。此外，积极参与个人和社会事务的讨论，并能够做出理性的解释和判断也是考查的内容之一。

考生需要针对这些重点进行备考，提高自己的生物学素养和综合能力。为了更好地备考高考生物，考生可以采取以下方法。

①巩固基础知识：生物学基础知识是高考生物考查的重点之一。考生需要认真复习教材中的基本概念、原理和理论，特别是高频考点和核心知识点，确保对基础知识的掌握牢固可靠。

②提升解题能力：解题能力是高考考查的核心能力之一。考生可以通过练习历年高考真题和模拟题，熟悉题型和解题方法，提高解题速度和准确率。

③加强实验探究能力：高考生物实验题是考查考生实验探究能力的重要途径。考生需要认真学习教材中的实验内容，掌握实验原理和方法，并且进行课外拓展实验，提高自己的实验探究能力。

④培养创新与创造力：高考鼓励考生充分发挥创新能力和创造力，提出新的解释或者进行进一步的探究。考生可以通过观察生物现象和阅读相关文献等方式，拓宽视野和思维方式，培养自己的创新思维和创造力。

⑤强调社会责任与担当意识：考生需具备尊重生命、关爱他人、保护环境等责任意识，积极参与个人和社会事务的讨论，做出理性的解释和判断。同时，考生可通过参加社会实践活动、志愿者活动等方式，提升自己的社会责任感和担当意识。

高考生物考试将重点考查考生的生物学基础知识、科学思维能力、实验探究能力、创新能力以及社会责任感和担当意识。考生需全面提高自己的生物学素养和综合能力，为未来的学习和职业生涯奠定坚实的基础。

三、如何提高学生的高考成绩和应对策略

学生提升高考成绩需要进行全方位的策略和规划，以下给出一些建议。

制定学习计划：制定明确、可行且可靠的学习计划，合理安排时间，专注于理解和掌握核心概念，并不时进行自我评估。

掌握预习和复习技巧：通过预习了解新知识的大致内容和结构，使得在课堂上可以迅速理解和消化学习内容；而课后复习可以巩固和理解所学知识。

选择适宜的参考书：选择一本合适的参考书可以对知识进行整理，清晰地展示知识网络，还要注意题目的精确性，能够帮助学生加深对知识的理解和掌握。

参加辅导班和模拟考试：积极参加辅导班和模拟考试，可以更好地了解学习进度和个人薄弱之处，并获得有针对性的建议和指导。

注重细节：在考试过程中，要特别注重细节，如仔细阅读题目要求，合理安排答题时间，书写规范等，因为这些细节通常会对最终的得分产生决定性的影响。

保持身心健康：保持规律的作息时间，充足的睡眠和适当的运动，对于提高学习效率和应对高考的压力都有积极的作用。

积极寻求帮助：当遇到学习困难或压力过大时，积极向老师、家长或同学寻求帮助，他们将会给予你支持和鼓励。

在面对高考时，还需要注意以下几点。

①调整心态：高考只是人生中的一次考试，不是决定未来的

唯一标准。放松心情，保持积极乐观的态度，能帮助减轻压力，更好地迎接挑战。

②合理安排时间：除了学习时间，也要留出足够的休息和娱乐时间，以保持身心健康。

③坚持锻炼：适当的运动可以有助于释放压力，增强体质，提高学习效率。

④养成良好的生活习惯：合理饮食、充足睡眠等有助于保持身体健康，更好地应对考。

⑤学会调节自己：当感到压力过大时，可以通过深呼吸、冥想、听音乐等方式进行自我调节，保持良好的心态。

⑥积极寻求帮助：遇到学习困难或其他问题时，不要害羞或害怕，积极向老师、家长或同学寻求帮助。

⑦提前规划：高考结束后，需对自己未来的学习和职业规划有清晰认识。了解自己的兴趣与能力，选择适合自己的大学和专业等。

⑧保持积极态度：无论高考结果如何，都要保持积极的态度。一次失败并不代表未来没有机会，重要的是从中吸取教训，不断努力向前。

⑨培养自信心：自信心是成功的关键。学生应经常鼓励自己，相信自己的能力，并积极展示自己在各种场合和情境中的才能。

⑩保持学习的热情：学习是一个持续的过程，学生应该保持对学习的热爱和兴趣。当学生对学习充满热情时，他们会更加专注、积极和主动地学习。

学生想要提升高考成绩，需要综合运用各种策略和规划。除了努力学习，还需关注自身的健康状况、合理安排时间、制订生活规划等多个方面。只有全面、科学地应对高考，才有望取得更好的成绩。在备考时，可以考虑以下几个方向进行调整：

要制定科学合理的复习计划，有系统地复习重点知识，并注重理解和应用能力的培养。

要探索适合自己的学习方法，因为不同学生有不同的学习方式和喜好。

要熟悉考试规则和题型，掌握答题技巧和合理分配时间，这些因素都有助于学生在考试中取得更好的成绩。

保持积极乐观的心态对于应对考试的压力和挑战至关重要，学生应该时刻保持自信、冷静和乐观的心态。

要注重综合素质的提升，高考不仅考查学生的知识水平，还会综合评价学生的语言表达能力、思维逻辑能力、人际交往能力等多个方面的素质。

提高学生成绩需要长期的努力和全方位的策略。在备考期间，学生应该注重改进学习方法、积累知识，并训练应试技巧。同时，也要关注身心健康、合理管理时间和制定生活规划等方面的问题。只有全面、科学地应对高考，才能有望取得更好的成绩。

四、高考成绩与生物学知识应用的关系研究

高考成绩与生物学知识应用之间存在紧密的联系。作为中国高中生的重要考试，高考的结果往往被视为评估学生学术能力和知识水平的重要标准之一。而生物学作为一门基础学科，在医学、农业、环境等多个领域有广泛的应用。并且，生物学知识的应用能力对高考成绩可能产生影响。

首先，高考成绩是评估学生对生物学知识掌握程度的重要指标之一。高考生物学科的考试涵盖了细胞生物学、遗传学、生态学等多个方面，要求学生具备扎实的生物学基础知识和较强的思维能力。因此，高分学生往往具备较好的生物学知识储备和应用能力。

其次，生物学知识的应用能力是影响高考成绩的重要因素之一。这种应用能力包括实验操作、观察、问题分析和解决等多个

方面。这些能力在高考中都得到了体现，比如实验操作和观察在实验题中尤为重要，而问题分析和解决能力则在非选择题中得到了充分考查。

最后，高考成绩和生物学知识应用能力的提升相互促进。一方面，通过备考和参加高考，学生可以加深对生物学知识的理解和掌握，从而提高生物学知识的应用能力；另一方面，通过实践和应用生物学知识，学生可以更好地理解和掌握高考中的知识点和解题技巧，从而提高高考成绩。

通过提高生物学知识的应用能力，可以促进高考成绩的提升；而通过备考和参加高考，也可以提高对生物学知识的应用能力。因此，学生应该注重积累和应用生物学知识，以提高自己的学术水平和综合能力。除此之外，高考成绩与生物学知识应用之间还受到其他一些因素的影响，需要进一步研究探讨。

学生的兴趣爱好和学习态度对高考成绩和生物学知识应用能力有重要影响。如果学生对生物学有浓厚的兴趣，就会更加积极主动地学习生物学知识，并尝试将其应用到实际生活中。

同时，良好的学习态度也能帮助学生更好地应对高考的挑战，提高考试成绩。教学方法和教师水平对高考成绩和生物学知识应用能力也有一定的影响。

教学方法的选择应该根据学生的实际情况和学科特点来确定，注重培养学生的思维能力和实践能力。同时，教师水平的高低也会影响学生的学习效果，优秀的教师能够帮助学生更好地理解学科知识，掌握学习方法，提高学习效果。

社会环境和家庭背景也对高考成绩和生物学知识应用能力产生一定的影响。社会环境和家庭背景的好坏直接影响学生的心理状态和学习环境。良好的社会环境和家庭背景能够为学生提供更多的学习资源和更好的学习环境，有利于提高学生的学习成绩和生物学知识应用能力。

高考成绩与生物学知识应用之间存在密切的关系，但也受到多种因素的影响。学生应该注重培养自己的学习兴趣和学习态度，选择适合自己的教学方法和教师，创造良好的学习环境和社会环境；学校和家庭也应该为学生提供更多的支持和帮助，共同促进学生的成长和发展。

案例分析：如何突破高考瓶颈

为了帮助学生突破高考生物竞赛瓶颈，我们可以从以下几个方面来锻炼学生的五大能力，其中，五大能力包括：时间管理能力，专注能力。坚持能力。反思思考能力。延迟满足能力。

接着可以通过以下几个方面进行锻炼。

建立学习计划：学生需要建立一份详细的学习计划，明确自己的学习目标和时间表，将学习内容分解为小块，逐步完成。同时，学生需要考虑到自己的能力和时间限制，合理安排学习时间。

扩展知识面：学生可以通过阅读相关文献和学术论文，参加在线课程或研讨会，与其他生物学家交流，以更好地了解生物竞赛的知识点和考查要点，从而更有针对性地进行学习。

突破学科难点：针对生物竞赛中的难点问题，学生需要采用不同的学习策略。例如，他们可以参加专门的课程或讨论会，或者寻找相关的在线资源。在学习中遇到问题时，学生应积极寻求帮助，不要轻易放弃。

理解基础知识：生物竞赛考查的是学生对基础知识的掌握和运用。因此，学生需要深入理解生物学的概念和原理，并能够将它们应用到具体的考试情境中。

练习解决问题：学生需要学会如何解决生物学问题。这包括能够分析问题、提出假设、进行实验设计、解读和分析结果等。学生可以通过大量的练习来提高自己的解题能力。

保持积极心态：生物竞赛考查的不仅是学生的知识水平，还包括他们的心理素质。因此，学生需要保持积极的心态，勇于面对挑战，并能够在压力下保持冷静和专注。

参加模拟考试：参加模拟考试可以帮助学生更好地了解自己的考试情况，发现自己的不足之处，并及时进行改进。

寻求专业指导：如果学生感到自己在生物竞赛中遇到了瓶颈，可以寻求专业教师的指导和建议。教师可以通过分析学生的情况，提供个性化的学习计划和策略，帮助学生突破难关。

形成良好的学习习惯：良好的学习习惯是成功的关键。学生需要养成良好的学习习惯，如定期复习、积极思考、注重细节、避免拖延等。通过形成良好的学习习惯，学生可以提高学习效率，更好地掌握生物竞赛的知识点。

关注考试趋势：学生需要关注生物竞赛的考试趋势，了解考查重点和题型变化，以便更好地准备考试。他们可以通过分析过去的考试试题和模拟试题，了解考试的形式和难度，并相应地调整自己的学习策略。

培养团队合作精神：生物竞赛中往往涉及到团队合作，学生需要学会与他人合作、交流和分享。他们可以参加小组讨论、研讨会等活动，与其他学生合作解决问题，培养团队合作精神。

保持身体健康：身体是革命的本钱，学生需要保持身体健康，保持良好的作息习惯和饮食习惯，避免过度疲劳和压力。身体健康有助于提高学生的学习效率和精神状态，从而更好地应对生物竞赛的挑战。

培养创新思维：生物竞赛往往考查学生的创新思维和解决问题的能力。学生需要学会从不同角度思考问题，尝试用新的方法解决问题。他们可以通过参加创新项目、进行实验研究等活动来培养自己的创新思维和实践能力。

模拟竞赛场景：学生在备考期间可以模拟生物竞赛的场景，进行模拟考试和模拟面试。这有助于学生适应竞赛的氛围和节奏，提高自己的心理素质和应对能力。

　　为了突破高考生物竞赛瓶颈,学生需要制定详细的学习计划,扩展知识面,突破学科难点,深入理解基础知识,练习解决问题,保持积极心态参加模拟考试和寻求专业指导。这些方法将有助于提高学生的五大能力,从而在生物竞赛中取得好成绩通过以上方法,学生可以有效地突破生物竞赛的瓶颈,提高自己的五大能力,从而在高考生物竞赛中取得优异的成绩。

　　通过生物竞赛,学生可以得到很多能力的锻炼,以下是一些案例参考。

　　案例1:提高学生自主学习与快速学习能力

　　在生物竞赛中,学生需要自主完成大量的学习任务,包括阅读教材、查阅文献、完成习题等。这需要学生具备自主学习的能力,能够自我规划学习计划,掌握知识点,并能够举一反三,灵活运用。同时,生物竞赛涉及的知识面非常广泛,需要学生在短时间内掌握大量知识,这无疑锻炼了学生的快速学习能力。

　　案例2:培养学生的创新思维与解决问题的能力

　　生物竞赛的题目往往具有一定的挑战性和创新性,需要学生运用所学的知识进行深入思考和分析,找出问题的解决方案。这锻炼了学生的创新思维和解决问题的能力,让学生学会如何从不同的角度看待问题,如何运用所学知识解决实际问题。

　　案例3:强化学生的实验技能与科学探究能力

　　生物竞赛中涉及大量的实验和观察,学生需要具备熟练的实验技能和科学探究能力。通过设计实验、操作实验、分析实验结果等过程,学生的实验技能和科学探究能力得到了锻炼和提升。

　　案例4:增强学生的团队合作与沟通能力

　　生物竞赛中,学生常常需要与其他同学组成团队共同完成一些项目,这锻炼了学生的团队合作和沟通能力。在团队中,学生需要学会如何与他人协商合作、分配任务、解决问题等,这些对于他们未来的工作和学习都是非常重要的。

案例 5：增强学生的心理承受能力与应变能力

生物竞赛的难度较大，学生的学习压力也很大。通过竞赛的锻炼，学生可以学会如何应对压力，保持良好的心态，增强心理承受能力。同时，在竞赛中遇到的各种突发情况，也可以锻炼学生的应变能力，让他们学会如何应对各种突发情况。

通过生物竞赛的锻炼，学生可以获得很多重要的能力提升，不仅限于知识和技能的学习。这些能力的提升将对他们未来的学习和工作产生积极的影响。

第六章 教师对生物学教学方法与策略的探讨

一、激发学生学习兴趣的方法

人们难得展现出内心对某一事物的喜爱，这正是兴趣的表现方式。兴趣不仅反映个人待人接物的看法，还传递了丰盈内心的重要信号。面对学习，我们需要多方合力，提前规划，激发对没有兴趣的同学的兴趣。这种体验积极向上，能够鼓励人们积极探索学习，发现事物更深层次的内涵。

兴趣在人类生活中具有重要的作用，它能够激发个人学习的热情和动力，帮助人们积极探索学习新的知识和技能，从而提升个人素质和能力，促进个人发展。兴趣不仅为我们增添乐趣，无论是在生活还是学习中，有兴趣的人往往更快乐满足，因为他们能够投入到自己喜欢的事物中，享受探索和学习的乐趣。

有兴趣的人通常更容易与他人建立联系和交流，因为共同的兴趣可以成为人们交流互动的桥梁，促进人际关系的发展。有兴趣的人通常更积极地参与社会活动，推动社会进步和发展。许多伟大的发明和创新都源于个人的兴趣和热情，促进社会进步。

因此兴趣在人类生活中扮演着重要的角色，它能够促进个人发展，增添生活乐趣，促进人际关系的发展，推动社会进步等方面发挥着重要作用。

生物作为一门结合实践和理论的学科，常常让人感到乏味。当前，大多数教师仍然按照传统的教学方式进行授课，他们兴致勃勃地讲课，而学生却显得漠不关心，这已经成为了课堂的常态。许多学生对生物课产生了抗拒，而这种恶性循环可能会使得更多的学生受到影响，进一步降低了他们的学习欲望。虽然有些人能够自学，但这只是少数人的特权而已，并不适用于所有人。如果自学如此容易，那么为什么优秀的学生却如此稀缺呢？

当前，一些学校为教师提供了模型等教学工具，然而只有少数教师能够运用这些工具进行讲解。尽管多数教师深知采用形象化和图像化的方式能够避免学生的厌倦。

事实上，模型讲解不可或缺，它将抽象的理论知识转化为直观的展示方式，不再需要学生费力地在脑海中构建动态图像。通过模型讲解，无论是学生还是其他听课的教师，都能够更好地理解和记忆所学的内容。

模型讲解将复杂的概念和过程简化，使理解变得更加容易，这是一种健康的教学方式，可以提高学生的兴趣和学习动力。同时，模型讲解也是师生之间沟通的有效工具，能够促进更好地交流和合作。

但讲解方式的使用也存在弊端。有些章节的内容难以通过模型展现，在当前阶段可能难以实现。并非所有内容都需要依赖模型。过度依赖模型只会使观众审美疲劳，产生相反的效果。

如果过分强调模型，而忽略了对理论知识的深入剖析，在教学过程中可能会使学生的基础知识薄弱。因此，我们需要以多元化、多角度、多试验性的方式进行创新和改变，根据不同的课程和教学目标，教师可以采用不同的方法和技巧，为学生创造良好的学习环境并提出有价值的问题，以激发学生的学习兴趣和创造力。

就目前的情况来看，除了模型配套外，创造学习环境和引导问题是推动学生学习的重要手段。

(一)创设情境与问题导向

创造情景能够让学生更直观地理解课程内容。通过提供具体的背景和环境,学生更容易将所学知识与实际应用联系起来,从而有效提高学习成绩和促进学习进步。在讲解枯燥的概念时,教师离不开创造情景的方式。另一方面,问题导向可以引导学生主动思考问题。通过提出问题,教师可以引导学生思考,激发他们的求知欲。因此,我们提倡多种解答的方式。最重要的是,创造情境和问题导向还有助于培养学生的团队合作能力和沟通能力。因为在解决问题时,学生需要进行讨论、交流和合作,这有助于提高他们的团队合作能力和沟通能力。

在课堂上,教师一直希望有一个活跃的氛围。这画面如和谐的奏鸣曲:团结合作、深入探究、激情澎湃,不时传来老师的讲课声和琅琅的读书声。这不仅是多人的希望,活跃的课堂氛围可以激发学生的学习兴趣。当学生在轻松、愉快的氛围中学习时,他们更容易保持注意力,对所学内容产生好奇心,进而激发对学习的热爱和兴趣。而且,在活跃的课堂氛围中,有助于提高学生的参与度。在这种融洽的环境下,学生们更愿意主动参与讨论、回答问题,分享自己的观点和想法。这样的互动有助于加深学生对知识的理解和记忆,同时也能培养他们的表达能力、沟通能力,以及独立思考和创新意识。这为他们的全面发展奠定了良好的基础。在面对问题时,很多学生可以提出独特的解决方案,因此,在教学过程中,教师应该注重营造轻松、愉快的课堂氛围,以促进学生的全面发展。

在授课过程中,教师设定一个情景,并根据这个情景提出问题给学生,逐步引导学生深入理解新的知识点,充分利用教学工具,如模型等,如果本身缺乏这样的条件,那么采用科学的教学方法,效果同样可观。实际上,在我们日常生活中,生物案例屡见不鲜,教师利用具体的案例和情境，能够帮助学生深入理解课程内容。比如物理作为实用性很强的学科，常令初学者感到困惑。当讲解速度这个概念时，老师告诉我们，尽管这个概念抽象，却与我们的生活息息相关。我记得以前报道过一位大学物理教授与一辆私家车发生了交通事故，但是这位老师运用计算自证无责，他告诉我们，学好物理就相当于掌握了一项侦探技能，对侦探活动充满兴趣的年轻人会感到兴奋。

生物同样如此，旨在探索生命科学，涉及无机物、有机物、植物和动物。初始阶段引导学生绘制生物族谱和构建生物"年表"，在学习生物的早期阶段，就为他们奠定清晰的基础。

在课堂上，当讲解有关细胞方面的知识时，教师可以设计一个"细胞之旅"的情境，教师先向学生介绍细胞的基本概念和功能，然后引导学生通过显微镜观察不同类型的细胞，如植物细胞和动物细胞。如果条件允许，鼓励学生亲自观察，这样比简单的讲解多次更加有效。对于感官的刺激方式，听和看有不同的侧重点，在慢慢的认知中，探索生命的奥秘。定期进行小组活动，要求他们比较不同类型的细胞，并探讨细胞与生命活动的关系。

结合生活案例进行讲解，学生的理解和应用能力不仅停留在纸面上，而是真正融入日常生活中。生命科学不仅解决了食物等实际问题，还推动了世界科学技术的发展，扩展了人类认知的边界。生命科学源自生活，反哺于生活。

面对较为晦涩的章节，引导学生在介绍基本概念的前提下，通过具体案例分析和模拟实验进行探讨变得尤为重要。比如，对于生物进化论这样专业的概念，教师可以设计一个关于生物进化的实例，以简洁易懂的方式介绍基本概念和理论，然后引导学生分析化石和生物地理分布等生物进化的实例。生物进化指的是生物种群随着时间逐渐适应环境、发生遗传变化的过程。细菌可以通过遗传变异获得对抗生素的抗性，这使得一些细菌变得难以对付。这也是为什么医生在治疗感染时需要不断更新抗生素,以避免细菌进化出新的抗性。掌握概念理解是不够的,只有通过模拟实验,学生才能真正理解并逐步解决之前存在的问题。

提问是一门艺术。教师可以利用学生对未知事物充满好奇的特点,提出有趣的问题和挑战,激发学生的学习兴趣。不仅是教师提问,也可以让学生尝试提出有价值的问题。当某件事引起我们的注意、使我们感到惊讶,或者我们想要获取更多信息时,我们就会提问。不管是什么问题,都是一个信号:我关注这个问题,我想要了解更多!提出有价值的问题有助于学生思考和探索课程内容,这与在文学课上,教师引导学生探讨文学作品的主题和意义的本质相似。所提问题至少需要有意义,但对于初学者来说,具有天马行空的发散思维也是一种好品质。然而,随着学习的深入,问题的考虑需要更加严谨。在学生理解的基础上,让他们自己设置问题,体会这个过程的不易和严谨性。教师要认真对待学生提出的问题,引导他们解答疑问,充当好引路人的角色。

我们学习的目的是对社会作出贡献,因此学生需要将课本中所学的知识应用到社会热点问题上,通过这种方式可以更好地了解社会和现实情况。教师可以利用当前的社会热点引导学生分析和讨论社会问题,从而真正体会到知识的魅力和力量,对所学的知识产生内心的喜爱。

将学科知识与现实生活结合起来有助于学生更好地理解知识,同时也能激发他们对学习的兴趣。无论学习道路上是否遇到困难,只要认识到这种联系的好处,就能激发起学习的热情。

为学生提供丰富的学习资源,例如图书、视频、实验器材等,可以帮助他们更好地探索和理解学科知识,从而激发学习的兴趣。

即使学习过程中会面临曲折,但教师和学生需要共同努力,始终坚信"辛勤付出终有回报"。通过提供丰富的学习资源、创造积极的学习氛围、运用实际案例、提出有趣的问题和挑战以及应用现代技术手段等方法，可以有效激发学生的学习兴趣，促进他们的学习和发展。

（二）多媒体与互动教学

随着社会经济的迅猛发展，21 世纪的教学方式与过去有了显著的不同。出现了许多新型媒介，其中之一就是多媒体教学，它采用了多种媒体手段来进行教学。文字、图片、音频和视频等多种形式被巧妙地结合在一起，为学生提供了更丰富、更生动的学习体验。借助现代技术如计算机和互联网，教师能够更好地辅助学生的学习，为他们带来更有趣、更吸引人的学习方式，从而激发他们对知识的兴趣。

如今，我们身处媒体时代，到处都充斥着可用于多媒体实践的新奇事物。多媒体教学受到热烈的欢迎，我们不禁要问，它对我们究竟是利好还是利坏？尽管老师们是否能够适应其中一些不足之处仍然存在疑问，但可以肯定的是，它为教师提供了一个不断学习、不断提高认知水平的机会。同时，它也有助于增强学生的兴趣和参与度，使教学不再局限于传统意义上的灌输，而更加注重互动。

互助教学鼓励学生积极参与课堂讨论，提问和分享自己的观点，这有助于增强学生的自主学习能力。互助教学还可以拓宽学生的知识面，通过文字、图片、音频和视频等形式，丰富教学内容，使学生能够从多个角度和不同方面了解知识。它有助于加深对知识的理解，并通过与老师和同学的互动，形成更全面的知识认知。互动教学不仅仅是学生和教师之间的互动，还包括了学生之间的互动。在寓教于乐的过程中，教师能够及时发现和解决学生的问题，从而提高教学效果。

如果正确应用这两种方法，它们将产生卓越的效果。它们不仅能够激发学生的想象力和创造力，还能培养学生具有独特见解和创新能力的思维方式。同时，它们也能够帮助教师更好地组织教学内容和维持课堂纪律，提高教学质量。通过与学生的互动，教师可以了解学生的学习状况，并及时调整教学方法和策略，以提高教学效果。

知识之间存在相互联系，我们常常能够通过一个知识联想到另外一个知识。例如，当讲解到了生态系统这一部分内容时，我们会联想到能量的流动。为了帮助学生更好地理解生态系统的分类和运作，教师可设计一个与生态系统相关的实例，并鼓励学生亲身体验。除了向学生介绍生态系统的概念和组成部分，教师还可以引导学生观察和分析生态系统的具体例子，如森林生态系统和湖泊生态系统。不论是哪个生态系统，各种物种会通过自身的生活行为对环境产生影响。消费者，如食草动物、食肉动物和杂食动物，通过食物链摄取其他生物以获取能量和营养。分解者主要包括细菌和真菌，它们能够将有机物质分解为无机物质，从而释放出有益的营养物质。教师可以向学生解释，在生态系统中，除了生物，环境因素也对生物的生存和繁衍产生影响。例如，气候变化可能会对某些物种造成灭绝或迁移的影响。这也提醒着我们：保护生态环境和维护生物多样性是当前人类所面临的重要任务。课程结束后，教师可以组织学生进行模拟实验，要求他们在基于自己的理解之上，设计和构建一个小型的生态系统，并探讨生态系统内部的相互关联和平衡。

情景实践模拟——亲身体验冰河世纪时期的生态环境

教师利用模型模拟让学生们亲自感受一下冰河时期的生态环境，尽管现在的环境与冰河时代已经截然不同。冰河时代是一个被人们广泛讨论的时期。在那个时期，地球的生态环境发生了巨大的变化，变得寒冷干燥，大量的水被冰川和冰盖困住，全球海平面下降。冰河时期的气温显著低于现代，地球的气候系统进入了一种寒冷的状态。南北极地区的冰川和冰盖都扩张了，植被也发生了巨大的变化。由于气候寒冷干燥的影响，冰河时期的植被类型和分布发生了改变。

在北方地区，落叶阔叶林逐渐过渡为针叶林和苔原植被；在南方地区，一些热带和亚热带植被受到了影响，部分物种开始向赤道附近迁移。除了植物的迁移，动物也进行了群体性的迁徙，冰河时期的气候变化对动物群落产生了重大的影响。为了适应寒冷干燥的环境，许多动物物种进行了迁徙，比如一些哺乳动物和鸟类向赤道附近迁移，寻找更适合生存的环境。冰河时期的生态环境变化，对生态系统提出了适应和调整的要求。

一些物种的生存策略发生了变化，比如体型变大、毛发变厚，以应对寒冷的环境。由于大量的水被冰川和冰盖困住，全球海平面下降，沿海地区的生态系统发生了变化，一些岛屿和沿海陆地被淹没，同时也有新的陆地暴露出来。这个时期对生物界来说是一次严峻的考验，但最终成功地度过了这段艰难时光。

在冰河时期的生态系统模型中，我们可以通过模拟气候因素（如温度、降水和风速等）的变化，来描述冰河时期地球的气候特征；可以根据气温和降水的变化，模拟植物从落叶阔叶林向针叶林和苔藓植被的转变；可以模拟动物们迁徙的路线和速度，以揭示它们在寻找适宜生存环境的过程中的动态变化；这个时期，生态系统中的生物和非生物要素不断相互作用和调整。例如，随着植物的改变，动物们会调整自己的食物来源和栖息地，沿海地区的生物要适应海陆环境的变迁，可以通过模拟生态系统中各要素之间的相互作用，来揭示冰河时期生态系统的调整过程。

我们利用模型模拟已经过去的时期，从中得出理论，这就是模型存在的目的，相信通过对生态系统进行建模和模拟，学生们可以深入了解生态过程和演变规律，从而为保护生态环境和实现可持续发展提供科学依据。

此外，模拟生态系统还可以为气候变化和环境保护提供决策支持，气候变化对生态系统产生了显著影响，而生态系统对气候变化也具有重要的反馈作用，我们可以评估气候变化对生态系统的影响，从而为应对气候变化和保护生态环境提供科学依据。

以下以情景实践模拟为例，介绍如何通过多媒体与互动教学来教授冰河世纪时期的生态环境。

在引导学生进行情景实践模拟——亲身体验冰河世纪时期的生态环境的活动中，可以运用多媒体与互动教学的方法，以增强学生的学习兴趣和参与度。

以下是一些可能的实际景观和相关的多媒体与互动教学活动的示例。

冰川模拟体验：在冰川模拟区域，通过使用特殊的材料和技术，再现冰川的形态和特征。学生可以亲身体验冰川的冰雪环境，并了解冰川的形成和变化过程。

多媒体与互动教学活动：

－使用投影仪或大屏幕展示冰川的形态和特征的图片和视频，让学生更直观地了解冰川的外貌和运动方式。

－利用虚拟现实技术，让学生戴上 VR 眼镜，仿佛置身于冰川之中，感受冰川的冰雪环境和气温。

冰河地貌展示：在模拟的冰河地貌展示区域，通过模拟冰川侵蚀和堆积的过程，展示冰河地貌的形成和特征。学生可以观察和探索不同类型的冰河地貌，如冰川谷、冰碛平原等。

多媒体与互动教学活动：

－使用投影仪或大屏幕展示冰河地貌的图片和视频，让学生了解不同类型的冰河地貌的形态和特征。

－利用沙盘模拟技术，让学生亲自参与模拟冰川侵蚀和堆积的过程，观察不同类型的冰河地貌的形成。

冰河生态展示：在模拟的冰河生态展示区域，展示冰河世纪时期的生物群落和生态系统。学生可以观察和学习冰河世纪时期的植物、动物和微生物的特征和适应性。

多媒体与互动教学活动：

－使用投影仪或大屏幕展示冰河世纪时期的生物群落和生态系统的图片和视频，让学生了解不同类型的植物、动物和微生物的特征和适应性。

－利用增强现实技术，让学生通过手机或平板电脑观察和学习冰河世纪时期的植物、动物和微生物，了解它们的生态习性和相互关系。

通过以上的多媒体与互动教学活动，学生可以更加直观地了解和体验冰河世纪时期的生态环境，增强对生物学核心素养的培养与发展。同时，这些活动也能够激发学生的学习兴趣和积极参与，提高他们的学习效果。

在长白山猛犸象主题公园的情景实践模拟中，多媒体与互动教学是非常重要的工具。通过多媒体技术，学生可以观看冰河世纪时期的生态环境的影像资料，了解那个时期的植被、动物和地貌等情况。同时，互动教学可以让学生参与其中，通过触摸屏幕、操作设备等方式，亲身体验冰河世纪时期的生态环境。

在多媒体与互动教学中，学生可以通过观看影像资料，了解冰河世纪时期的生态环境。他们可以看到那个时期的植被是什么样的，有哪些动物生活在那里，地貌是怎样的等等。通过观看这些影像资料，学生可以更加直观地了解冰河世纪时期的生态环境，增强他们的学习兴趣和学习效果。

同时，互动教学可以让学生参与其中，亲身体验冰河世纪时期的生态环境。

学生可以通过触摸屏幕、操作设备等方式，与虚拟的冰河世纪生态环境进行互动。他们可以触摸屏幕上的植被，了解它们的特点和生长环境；可以操作设备，模拟与冰河世纪的动物进行互动，了解它们的习性和生活方式。通过这种互动方式，学生可以更加深入地了解冰河世纪时期的生态环境，增强他们的学习体验和学习效果。

在长白山猛犸象的情景实践模拟中，通过影像资料和互动方式，让学生更加直观地了解冰河世纪时期的生态环境，增强他们的学习兴趣和学习效果。同时，互动教学还可以让学生亲身体验冰河世纪时期的生态环境，增强他们的学习体验和学习效果。因此，在培养和发展学生的生物学核心素养方面，多媒体与互动教学是非常重要的工具。具体步骤如下：

首先，准备一段关于冰河世纪时期的准备一些多媒体资料，如图片、视频和音频等素材，通过播放这段视频，让同学们亲身体验冰河世纪时期的生态环境。视频中可以展示冰川的形成和运动过程，以及冰川对周围环境的影响。通过这些多媒体资料，同学们可以感受到冰河世纪时期的寒冷和荒凉，了解冰川对地貌和生物的塑造作用，同时也可以更直观地了解冰河世纪的特点和生物群落的组成。

其次组织同学们进行一次冰川模拟实验。给每个同学发放一块冰块，并要求他们在一定时间内观察冰块的变化。同时，提供一些工具，如放大镜和温度计，让同学们进行更加详细的观察和测量。通过实验，同学们可以亲自体验冰的融化过程，了解冰川的形成和消融。

在实验结束后，组织同学们进行小组讨论，让他们分享自己的观察结果和实验心得。同时，提出一些问题，引导同学们思考冰川对生态环境的影响。例如，冰川的消融会导致水源的增加，对周围的植物和动物有何影响？冰川的退缩会导致海平面上升，对人类社会有何影响？通过讨论，同学们可以深入理解冰河世纪时期的生态环境，并培养他们的思维能力和团队合作能力。

设计一些互动教学的活动，以增加同学们的参与度和学习兴趣。例如，可以组织同学们进行小组讨论，让他们根据所学知识，分析冰河世纪对生物进化的影响，并提出自己的观点和想法。也可以设计一些游戏，如生物物种辨识游戏，让同学们通过观察和比较，学会辨认不同生物物种。

在讲授的过程中，建议教师用亲切的语言与同学们进行互动交流。尽量避免使用过于专业的术语，而是用通俗易懂的语言解释相关概念和知识。同时鼓励同学们提问，并及时回答他们的问题，以促进他们的思考和学习。并且鼓励同学们进行实地观察和实验，以加深他们对冰河世纪生态环境的理解。例如，有条件可以组织一次户外考察活动，带领同学们去冰川地区进行实地观察，并进行一些简单的实验，如测量冰川的流速和温度等。

最后，通过多媒体展示一些冰河世纪时期的化石和化石记录，让同学们了解冰河世纪时期的生物多样性和演化过程。同时引导同学们思考冰河世纪时期的生物适应策略和生存竞争。通过这些案例和讨论，同学们可以更加深入地理解生物学的核心概念和原理。

通过以上的多媒体与互动教学方法，潜移默化地推出生物重点知识节点，并引导同学们进入生物学的世界。

总结：

通过情景实践模拟、互动教学和小组讨论，同学们将亲身体验冰河世纪时期的生态环境，深刻领悟生物学的核心概念和原理，培养思维能力和团队合作能力，并提升学习效果，激发学生对生物学的兴趣和热情。鼓励同学们进行总结和反思，巩固所学知识，设计综合性问题，促进思考和总结。此外，还可组织小型展览，展示同学们在学习中的成果和收获。

通过多媒体与互动教学的方式，相信同学们能更好地理解和掌握冰河世纪时期的生态环境。以亲切和互动交流的方式，激发同学们的学习积极性，提高学习兴趣和效果。

二、强化理论与实践的结合

没有实践的理论就像是一堆松散的沙子，易于失去实际凝聚力。在工作和生活中，我们应该注重理论与实践的结合。理论提供了实践的指导基础，而实践则是验证理论的过程。只有通过不断地练习和检验，将理论转化为实际能力，我们才能取得实际效果。通过融合理论与实践，我们可以实现知识的灵活应用，提高学习效果，并增强实际应用能力。在实践中，我们常常面临着解决实际问题的挑战，这需要丰富的专业知识。将理论知识应用于实际，可以更好地挖掘自身潜力，提升专业技能和操作能力。因此，将理论与实践相结合，我们可以获得更深入、更全面的知识，提升专业素养，更好地完成工作任务。

作为一名教师，除了需要扎实的理论功底，还应该具备强大的实践能力。在当今社会，不仅人类在不断进化和发展，科技也呈现出日新月异的趋势，知识的更新速度不断加快。为了培养高素质的人才，教育方式也需要不断与时俱进，加强理论与实践的结合。具体而言，可以从以下几个方面进行改进。

（一）理论教学与实践教学的互动

理论教学是传授知识、提升学生认知能力的重要手段，而实践教学则是培养学生动手能力和实践能力的重要途径。两者侧重点不同，但都能实现提升的效果。优秀的教师不满足于现状，他们追求理论与实践相结合的教学方式。在教学中，我们既要重视理论教学，又要加强实践教学。理论教学与实践教学密切相关，相互促进、相辅相成。只有紧密结合二者，才能培养出更具创造力和实践能力的人才。当前，国家大力推动工程专业建设中教学体系的构建、改革与实践，为其成果的社会落实提供坚实保障。

（二）案例教学与实践活动的融合

案例教学是一种以实际案例为基础的教学方法，能够紧密结合理论与实践，帮助学生更好地理解和掌握知识。优秀的教师能够将专业性强、不易理解的知识转化为易于学生理解的能力。在案例教学中，教师可以引入典型的实际案例，引导学生分析和解决问题，让学生在实践中掌握理论知识，同时发现生物学科的奥秘和美妙之处。实践活动也可以与案例教学相结合，让学生在实际操作中加深对理论知识的理解。通过案例教学与实践活动的融合，可以有效提高学生的综合素质和创新能力。

（三）教学手段的现代化与实践教学的拓展

随着科技的发展，现代化教学手段不断涌现，如网络教学、虚拟实验等。这些现代教学手段可以有效提高教学质量，丰富教学内容，推动教学进程。在实践中进行教学、在实践中拓展教学是有效的方法。我们可以结合现代化教学手段，让学生在网络环境下进行实践操作，提高实践教学的效果。同时，还可以引导学生参加各类学术活动、竞赛和实习等，让学生在实际操作中检验和巩固所学知识。对于善于学习、具有敏锐洞察力的老师来说，他们往往能成为这类热衷于参加比赛的学生的指导老师，在学生准备期间，说不定还能获得额外的新知识。

（四）教师队伍建设与教学质量提升

强化教学方式在理论与实践方面的结合，需要一支高素质的教师队伍。教师是教学活动的主导者，在理论教学与实践教学的结合方面发挥着关键作用。然而，仅仅这些还不够。为了提升教学质量，我们需要加强教师队伍建设，提高教师的理论水平和实践能力。我们还应该鼓励教师参加教育培训、学术交流等活动，不断更新知识，提升自身素质，发挥教师优良作风的作用。每所高校都拥有独特的特点，对于职业院校而言，师资队伍建设的重点是双师型教师队伍建设。地方高等专科学校也在研究"双师型"教师队伍建设。

1. 生物学实验教学的创新

创新很容易说但很难做到，它不仅需要老师，还需要其他人在各个层面上共同努力。通过推行创新性的实验教育，我们能够更好地培养学生的实际操作能力和科学素养，从而促进我国生物科学的进步。下面是一些建议。

采用项目驱动式教学：通过设立实际问题解决的具体实验项目，帮助学生掌握实验技能和理论知识，同时促进不同学科之间的知识交流。一个项目可以涵盖多个学科领域，

学生更好地了解生物学的实际应用，并更加灵活地应用所学知识。

加强实验室建设：提升实验室的硬件设施，为学生提供先进的实验设备，让他们接触到生物学研究的前沿领域。同时，加强实验室软件建设，完善实验室管理制度，提供丰富的实验教材和在线资源，方便学生随时学习和查阅。即使碎片化阅读，也能够从中获取知识

当然，我们也需要加强预防措施，提高安全意识，注重实验室安全培训，确保学生在实验过程中的安全。

引入翻转课堂：翻转课堂是将传统课堂教学与实验教学相结合的一种教学模式。在新时代，更注重学生动手能力而不只是理论上的学习。相信引入实验教学的课堂会改善学习态度，增强团结互助的精神。在翻转课堂教学中，教师可以事先将实验原理、操作步骤等相关知识上传到网络平台，让学生在课前进行自主学习，培养学生提前学习的习惯。而课堂上的时间则用于引导学生进行实验操作以及解答学生在操作过程中遇到的问题。

改善实验教学的开放性: 鼓励学生自主设计创新性实验计划，

设置个性化实验课程。通过这样的方式，学生能够根据自己的兴趣选择学习章节，并与科研机构或企业合作，将真实的科研项目引入实验教学中。这样，学生能够通过实际应用锻炼实践能力，同时也能够揭示知识的广泛应用场景。每个人的思维特点受到先天因素的影响，但更需要通过后天教育的培养。明显地，填鸭式教学、单向灌输和机械化刷题的教育方式很难培养并提升学生的开放性思维。换句话说，要培养学生的开放性思维，就需要增强日常教学的开放性。"开放性问题－开放性思维－开放性教学"这样的逻辑链条体现了考试评价对教学的引导作用。

加强实验教学评价体系建设：建立多元化、全方位的实验教学评价机制，包括实验报告、实验操作和实验成果等多个方面对学生进行全面评估。这样做既能激发学生的学习兴趣，又能让学生充分了解自身的优点和不足，并能自主进行及时评估，为未来的发展提供参考。

随着教育现代化的不断推进，教育评价越来越受到重视。教学评价是教育现代化的重要组成部分，也是判断和改进教师课堂教学质量的关键。学会如何推进教学评价，提高教育质量，成为我们教育行业所面临的重要问题。生物学作为一个不断发展的学科，实验教学内容应及时扩展和更新，以保持与时俱进的特色，尽可能满足学生多样化的需求。可以引入基因编辑、细胞培养、生物信息学等领域的实验内容，拓宽学生对现代生物学研究的认识和理解。

情景课堂——有趣的一节多媒体生物课

我认识一名老师，她的教学方式非常独特，深受学生喜爱。

说到人体的生殖系统这个话题，由于在这个阶段，学生们开始关注自己身体的变化。当他们进入中学时，男生和女生之间的差异开始变得明显。因此，这个话题不免会显得有些尴尬，但是这位老师的处理方式却非常成功：

　　她在轻松愉快的氛围中教授生殖系统的相关知识。课程开始时，这位老师用投影仪播放了一段科普视频，让同学们初步了解了人体生殖系统。老师说："这是我们每个人形成的地方，看看那时候的我们，形状很小很模糊。"这位老师一边指着视频中的图像，一边说着。整个视频详细介绍了生殖系统的构成、功能以及繁殖过程。尽管以通俗易懂的语言呈现，但吸引了每位同学的注意，同时也激发了他们对这个领域的兴趣。

　　接下来，这位老师利用虚拟仿真软件展示了精子和卵细胞结合的过程，同学们通过软件模拟这个过程，亲身体验了生命的诞生奇迹。在老师的指导下，同学们成功地完成了操作，并对自己身体的奥秘产生了浓厚的兴趣。他们发出了由衷的感叹："生命真是美妙的存在"，并更加认识到每个人的价值，学会珍惜身边人，学会尊重每个人。

　　在课堂讨论环节，老师引导同学们就生育系统的功能、生育过程中的遗传规律以及青春期的生理变化等方面展开了热烈的讨论，同学们纷纷发表自己的看法，提出了许多新颖的观点，课堂上，一阵又一阵鼓掌声此起彼伏，在激烈的讨论中，同学们对生育系统的功能和青春期生理变化有了更加深刻的认识，一位男生举手发言，他说："我家里有姐姐和弟弟，我既是哥哥又是弟弟，其实特别是到了这个年龄段，我们姐弟三终归是在心理上发生了点变化，父母也对我们进行了教育，他们主张"每个年龄段有每个年龄段的教导方式"，做家长的知道一些最基础的知识不能避而不谈，所以我们早早地就可以了解到比较丰富的知识，从中明白了很多道理，不光光是男女有别，我们还知道，不管关系有多亲密，哪怕是亲骨肉，也需要尊重彼此的隐私"。老师笑意盈盈地听着他把话说完，为他鼓起了掌，老师走到讲台上，教导我们："我特别同意刚刚这位男生说的，你这么小就有了这样的觉悟，你家庭的教育方式一定是功不可没的，我要为你们点赞"，话音刚落，课堂上响起经久不衰的掌声，看着这位男生笑起来如沐春风，大家也感到很开心。

进行到了下一环节，老师邀请同学们利用信息技术手段，如网络搜索、数据库查询等，就生育系统疾病及其预防方法进行小组合作研究，之后便留了时间给我们，让我们自由讨论，同学们不仅在课上进行了如火如荼的讨论，在课下也不甘示弱，均展开了积极的探索，并为在下一次课上分享研究成果作好了准备。在课堂的讨论环节中，老师带领同学们就生育系统的功能、遗传规律和青春期的生理变化等话题展开了热烈的讨论。同学们积极发表自己的观点，并提出了许多独特的见解。课堂上，掌声此起彼伏，充满了热情和激情。通过这场激烈的讨论，同学们对生育系统的功能和青春期生理变化有了更深入的理解。

通过多媒体生物课的成功开展，不仅丰富了同学们的课堂体验，增进了彼此间的友谊，还提高了同学们对人体生育系统知识的兴趣和热情。在老师的引导下，同学们对人体生育系统有了更全面的认识，为未来的生物学科研究奠定了良好的基础。

课程结束时，她内心深处感叹道："我对这堂课其实是又害怕又期待。因为对于这个年龄段的学生来说，对于这种缺失的教育问题，他们既敏感又充满好奇心。我担心我没有能够正确引导他们，反而让他们走上错误的道路。但我对于将我所学到的知识传授给他们并不后悔。教育是不能只看一方面的。"

2. 实践性项目与实地考察

落实到实践之中，是开展每一个项目的必经之路。实践性项目是一种教学方法，旨在帮助学生将所学知识应用于实际情境，提高学生的实践能力和创新能力，那么在生物教学中，实践性项目可以涉及到观察动植物、进行实验操作、调查生态环境等方面，考查是教学过程中的一个重要环节，可以检验学生对知识的掌握程度，促使学生进行反思和总结，在生物教学中，考查可以采取各种形式，如课堂问答、书面测试、实验报告等，以下是一些建议的实践性项目。

实地考察：组织学生进行实地考察，例如带他们去附近的自然公园、植物园或动物园，让他们观察和记录各种动植物的特点和生态环境，这种方法可以增强学生对生物多样性的认识，培养他们的观察力和环保意识，多进行几次引导，学生们也会养成自己动手实验的兴趣，甚至会就地取材，平时有空闲时间的时候，他们就可以随处记录，观察校园内的动植物，记录它们的生长习性和生活环境，多多了解生态平衡和生物多样性。

积极组织开展环保活动：鼓励学生参加环保社团或组织环保活动，如垃圾分类、减少塑料制品的使用、植树活动等能为社会做出哪怕是一点点的贡献，这些活动可以让学生亲身体验到环境保护的重要性，培养他们的环保意识和责任感，习惯一旦养成，便能够伴随学生终身，这便是教育的意义和魅力。

进行生物学实验操作，如观察细胞结构、制作临时装片、观察植物生长等，培养学生的实验操作能力，做完实验之后，还可以要求学生在完成实验操作后，撰写实验报告，描述实验过程、观察结果和分析讨论，培养学生的实验报告撰写能力。

设计创意作品：鼓励学生结合生物知识，设计创意作品，如生物模型、剪贴报、绘画、迷你骨架等，这种方法可以锻炼学生的动手能力和创新思维，在操作的过程中，逐渐地提高他们对生物学的兴趣。有可能的话，可以让学生在期末进行创意作品展示，将他们的创意展示出来，也能够发掘其他作品的优缺点，这也是对学生评价思维、创新思维和学科综合运用能力的一大考查。

在讲解"细菌、真菌与食品的保存"时，首先讲述防止食品腐败所依据的主要原理是把食品内的细菌和真菌杀死或抑制它们的生长和繁殖；然后讨论生活中食品的保存方法和利用原理；最后思考：怎样保存食品？于是，他们就知道了食品的保存方法：

高温杀菌法、真空法、低温保存、脱水保存、糖渍等等，在以后的生活中，学会保存食物的方法：

生活中粮食的储存要保持干燥

腌渍腊肉

把食物放入冰箱，这样既让学生学会了食品的保存方法，还了解了其中的原理。

通过这些较为实践性项目和考查方法的结合，学生可以将生物学的理论知识应用于实际情境中，提高他们的实践能力和创新能力，有效地提高学生的生物学科素养，培养学生的实践能力和创新能力。

实地研究与调查——考古生态环境的考究

考古学和生物学有着紧密的联系，它们彼此相辅相成。考古学致力于研究人类的历史和文化，而生物学则专注于研究生命现象和生物结构。在考古学中，生物学家能够通过化石和其他生物遗骸来推测过去环境的变迁以及人类对环境所产生的影响。这种相互利用的关系使得它们的合作效果远远超过了简单的相加。它们各自拥有独特的优势和特点。

生物学家还可以通过分析古代人类遗骸中的 DNA 来揭示古代人类的遗传信息和迁移历史。这些信息的发现可以与考古学中的文化遗物和文献资料相互验证，为我们更全面地了解过去人类的生活方式、文化和社会组织提供帮助。此外，观察现代生物群落和生态系统的变化，可以为考古学提供新的研究视角和方法，并推断未来环境的变化趋势。考古学和生物学彼此依存，共同推动我们对过去的认知。

考古生态环境的研究旨在探究过去环境中人类活动和文化发展的情况，它还能揭示过去人类与周围环境的关系。为了深入了解过去环境的变化和人类对环境的影响，需要结合文献资料、考古发掘、地质学、地理学、生物学、气候学等多种学科的方法和技术。这样的研究和调查能够从温度、气候、湿度等多个方面入手，全面而系统地探索考古生态环境的奥秘。

温度方面，可以通过对古代遗址中的化石进行温度分析，以推测过去环境的变化。通过分析古代动物骨骼中的同位素比例，可以推断古代地区的温度变化，并了解当时古人对环境变化的适应方式。如果考古学家需要重建古代气候条件，就需要对古代遗址中的古生物遗迹、植物遗迹和地质样本进行分析。研究人员发现了很多例子，例如，古代植物遗迹可以提供有关气温和降水量的信息，而古代动物骨骼可以揭示当时的环境变化。基于这些证据，考古学家可以绘制出古代的气候变迁图，彻底改变了我们对过去气候的认识。

气候方面，可以通过对古代遗址中植物遗骸进行气候分析，根据气候的变化推测过去环境的变化。通过分析古代植物化石中的孢粉和花粉，可以推断古代地区的气候变化，并理解古人对气候变化的适应方式。

公元 6 世纪欧洲经历了一次空前的"灰尘面纱"事件。根据书面记载和树木年轮学、树木考古学的证据支持，536–537 年持续长达 12–18 个月的厚厚的持久防尘纱或干雾使欧洲和小亚细亚之间的天空变暗，浓雾带来的气候干扰延伸至中国东部。历史记录中还提到了夏季霜雪，这种防尘纱带来的气候影响导致整个受灾地区的气温下降，出现了干旱和粮食短缺。两年后，在欧洲爆发了查士丁尼瘟疫，这种组合可能导致欧洲人口的三分之一死亡。对于造成防尘纱的原因，学者们产生了分歧：一方认为是一次剧烈的火山爆发，另一方认为是彗星的影响，甚至有说法认为是一颗巨大近似的彗星。这些事件都可能产生由尘埃颗粒组成的尘埃云，其中包括火灾和描述的硫酸液滴烟雾，这样的云会反射和 / 或吸收光线，增加地球的反射率并显著降低温度。

关于湿度的问题，文物的保存受到湿度的不利影响。无论是湿度过高还是过低，都会对文物造成损害。过高的湿度会导致文物表面出现水珠，进而造成锈蚀、霉变等现象。而过低的湿度则会导致文物表面出现裂纹、龟裂等现象。因此，为了保护古文物，我们必须控制文物保存环境的湿度，并使其维持在适宜的范围内。相关的工作人员可以通过分析古代遗址中的地质资料来推断过去环境的变化，例如，通过分析遗址中的岩石和土壤，可以推断古代地区的湿度变化，进而了解古代人类是如何应对湿度变化的。这些方面相互贯通，研究一个方面离不开其他方面的数据支持。它们共同构筑了考古学研究的根基，并为我们研究古代人类对环境变化的应对方式提供了重要的信息。

三、个性化教学与学生参与

在现今的教育体系中，个性化教学和学生的积极参与都具有重要意义。个性化教学意味着根据学生的特点和需求，提供专属的教学服务。这不仅能帮助教师更好地满足学生的学习需求，还能让学生更好地理解知识，提高学习效果。例如，学生可以自主选择学科档案袋，并在封面上贴上自己的照片，还可以设计自己想要的封面内容，可以是个人简介、兴趣爱好、特长，甚至是名人名言等等。而在学期规划、周规划、月目标、自我评价、家长评价、教师评价、成绩单、好人好事和问题处罚等方面则是必要的。这样的做法能够让学生直观地看到自己所制定的目标。

学生的积极参与指的是学生在教育过程中主动参与，包括上课、讨论、提问和完成作业等方面。学生的积极参与能够激发学习动力，提高知识掌握能力。对于生物教学来说，学生的积极参与尤为重要。教师可以组织学生进行小组讨论、实验操作、观察实物等活动，让学生积极参与到教学过程中。只有牢牢抓住学生的注意力，学生才能提高兴趣，更好地掌握知识。

个性化教育是一种教育创新,对教育事业产生着广泛的影响。一方面,个性化教育的主旨在于满足每个学生特有的需求,通过提供针对性的教育资源和支持,有助于缩小学生之间的差距,实现教育的公平性。

另一方面,个性化教育促使教育者反思如何更好地满足学生的需求,实现优质教育。以学生为中心的个性化教育注重关注每个学生的独特需求,提供个性化的学习资源和路径,实现教育的公平和优质。教育者可以运用诊断性评估、分层教学、学生参与、技术应用以及家校合作等方法来实施个性化教育。

个性化教学能够为学生提供更贴合个人需求的教学服务,从而激发学生的学习兴趣和积极参与度;而学生的参与度提高,则为个性化教学提供更丰富的信息,帮助教师更好地服务学生。个性化教学与学生参与的结合对于生物教学具有重要的作用和意义。因此,在教育过程中,教师应注重将个性化教学与学生参与相结合,为学生提供个性化的教学服务,并鼓励学生积极参与学习过程,以促进学生的学习发展。同时,教师在教育过程中担负着引导和辅助学生的角色,他们的作用至关重要,需要认真履行教育的责任。

1. 了解学生的学习特点与需求

个性化教学指根据学生的个体差异和学习需求,运用不同的教学方法和策略,满足每位学生的学习要求和潜力。在生物学教育中,个性化教学可以通过以下方式实施。

了解学生的学习特点和兴趣爱好:教师可以观察和交流,了解学生的学习特点和兴趣爱好,从而制订相应的教学计划和策略。

提供多样化的学习资源和活动:教师可以为学生提供多样的学习资源和活动,包括教材、实验、观察、讨论等,以满足不同学生的学习需求和兴趣爱好。

灵活运用教学方法和策略:教师可以根据学生的学习特点和需求,灵活运用不同的教学方法和策略,如讲解、示范、引导、合作学习等，以促进学生的主动参与和学习效果。

提供个性化的评价和反馈：教师可以根据学生的学习表现和进展，提供个性化的评价和反馈，帮助学生发现自身的优势和不足，并制订相应的学习计划和目标。

推动学生主动参与和合作学习是培养生物学核心素养的重要途径之一。在生物学教育中，可以采取以下方法推动学生主动参与和合作学习。

设立情境和问题：教师可以通过设立情境和问题，激发学生的学习兴趣和主动性，引导学生主动思考和探索。

组织合作学习活动：教师可以组织学生进行小组合作学习活动，让学生在合作中相互交流和合作，共同解决问题，培养学生的合作能力和团队精神。

鼓励学生提问和讨论：教师可以鼓励学生提出问题和进行讨论，促进学生之间的交流和思维碰撞，培养学生的批判性思维和创新能力。

提供支持和指导：教师可以在学生合作学习的过程中提供必要的支持和指导，帮助学生解决问题和克服困难，促进学生的学习和成长。

通过个性化教学和推动学生主动参与和合作学习，可以培养学生的自主学习能力、合作能力和创新能力，提高学生的学习效果和学习兴趣，促进生物学核心素养的培养和发展。

个性化教学是指根据学生的个体差异和学习特点，为每个学生提供量身定制的教学设计和实施，以满足其需求和潜力发展。

因此，了解学生的学习特点和需求是实施个性化教学的关键。每个学生都有独特的学习方式和需求，了解学生的学习特点有助于教师更好地设计和调整教学内容和方法，以满足学生的学习需求。

了解学生的学习特点可以从以下几个方面入手。

学习风格：学生的学习风格各不相同，有些喜欢听课，有些喜欢阅读，还有些喜欢实践操作。教师了解学生的学习风格，有助于选择适合的教学方法和资源。

学习能力：学生的学习能力不同，有些学生能力较强，掌握知识迅速，而有些学生需要更多时间和辅导。教师了解学生的学习能力，可以制订个性化的学习计划和辅导方案。

学习兴趣：学生对不同学科和知识内容的兴趣也不同。教师了解学生的学习兴趣，可以选择有趣的教学内容和活动，激发学生的学习动力。

学习目标：学生对学习的目标和期望也有所差异。有些学生追求高分，有些学生希望提高能力和素养。教师了解学生的学习目标，可以制订相应的评价标准和教学策略。

了解学生的学习需求可以通过多种方式进行，包括观察学生的学习表现，与学生进行交流和沟通，以及进行学习能力和兴趣的测试。同时，与学生家长的沟通也是了解学生在家庭环境中学习情况和需求的重要途径。

通过了解学生的学习特点和需求，教师可以根据个体差异提供个性化教学支持，帮助学生充分发展和发挥潜力。每个学生都是独特的个体，具有独特的人格魅力，教师应了解学生的学习特点与需求，采用个性化的教学方法，帮助学生更好地理解知识，掌握技能，并提高学习兴趣。

与学生进行有效的交流和沟通是教师了解学生的学习特点和需求的关键。没有沟通，人与人之间就无法相互了解、相互理解、相互信任，尤其是在校园中。沟通是师生关系的调和剂，而真诚的双向沟通是良好师生关系的基础。只要教师用真心和真诚对待学生，就能够轻松地与学生建立互信关系。教师可以询问学生对学习的看法，了解他们在学习过程中遇到的困难和挑战，以及他们喜欢的教学方式。同时，观察学生在课堂上的表现也是了解他们学习风格和能力水平的一种途径。通过以上方式，教师可以更好地了解学生的学习特点和需求，并根据这些了解进行有针对性的教学，从而使师生都能受益。

学生通过教师的指导和教学来获取知识和技能，而学习的过程是主动构建的过程。学生需要在教师的引导下，通过思考和实践来理解知识和掌握技能。学习的内容主要是建立在前人的经验基础上的间接经验，学生需要通过学习前人积累的知识和经验来丰富自己的学识和技能。不论学生处于哪个学习阶段，学习总是具有一定的被动性。学生需要在教师的指导下有目的、有计划地进行学习，以达到特定的学习目标。

在生物学教学中，个性化教学可以帮助学生更好地理解和掌握生物学的核心概念和知识，从而提高学习效果和兴趣。个性化教学的核心在于关注学生的个体差异和学习特点。教师可以通过多种方式了解学生的学习风格、兴趣爱好、学习能力等方面的差异，并根据这些差异进行教学设计。例如，对于喜欢图像和图表的学生，可以运用更多的视觉辅助材料来解释生物学的概念；而对于喜欢实践操作的学生，则可以设计实验和观察活动来帮助他们理解生物学的实际应用。通过这种个性化的教学方式，教师可以更好地满足学生的学习需求，提升他们在生物学学习中的学习动力和兴趣。

学生的参与是个性化教学中至关重要的一环，通过参与，学生能够更深入地理解和运用所学的知识。教师可通过引导学生参与讨论、组队合作和实践实验等方式，提升学生的参与程度。此外，教师还可以鼓励学生提出问题、分享观点和经验，以及参加科学研究和实践活动，从而培养学生科学思维和实践能力。通过个性化教学，学生能够更好地掌握和运用所学的知识，从而提高学习效果。

个性化教学和学生参与是培养和发展生物学核心素养的重要

手段。针对不同的学生，存在着不同的需求，满足学生的课程需求是一项综合性的任务。要求教师深入了解学生的心理、兴趣和实际学习情况，制订相应的课程计划。此外，还需要教育管理者大力支持，为教师提供必要的教育资源和设施，以保证课程的质量和效果。一个好的课程需求应满足学生和社会的需求，符合教育教学的理论和实际情况。

同时，还需根据不同年龄段和学生的需求进行差异化设计，注重满足每个学生的个性化和情感需求。更重要的是，在教学过程中，需要全方位的关注和支持，以提高教育质量和成果，让每个学生都能够实现自己的梦想和发展目标。

2. 推动学生主动参与与合作学习

在课堂教学活动中，合作交流的开展方式就是适当的课堂互动，课堂互动是在课堂教学情境中，教师和学生之间、学生和学生之间发生具有促进性或抑制性的相互作用、相互影响，进而达到师生心理或行为的改变，互动是合作学习的关键，包括情感互动、行为互动和思维互动，其中，情感互动是基础，行为互动是外在的表现，思维互动是核心。

为了养成学生自主参与学习的习惯，老师的助力不容小觑。学生自主参与课程是一种教育模式，旨在让学生更加主动地参与课程的设计和实施过程，从而提高学生的学习兴趣和动力，培养学生的自主学习能力和团队合作能力。

这种教育模式有以下几种特点。

学生自主选择学习内容：学生可以根据自己的兴趣和需求，自主选择学习的内容和方向，充分发挥自己的优势，提高学习的主动性和积极性，有的学生在遗传领域大放光彩，有的学生擅长生态系统，在自己感兴趣的领域有所建树，是最合心意的愿望。

学生参与课程设计：学生可以参与课程的设计和规划过程，提出自己的意见和建议，使课程更加贴近学生的实际需求，学生参与课堂设计是指学生在教师的指导下，积极参与课程的规划、设计和实施过程，这种参与不仅仅是简单地执行教师的要求，而是学生充分发挥自己的主动性和创造力，成为课堂的共同设计者和建设者。

学生参与教学过程：学生可以参与课堂教学和实践环节，通过小组合作、讨论等方式，培养自己的沟通协作能力和解决问题的能力，教学过程包括教案设计，学生在参与的过程中，教师需要提供必要的指导和支持，帮助学生理顺思路、获取教学资源，并及时解答学生在设计过程中遇到的问题，师生共同进步。

学生自我评价：学生可以对自己的学习过程和学习成果进行自我评价，从而培养自己的反思能力和批判性思维，自我评价是学生自我认识的基本手段。新的课程标准蕴含了这样的理念：评价标准应该是多维的，评价的方法应该是多样的，评价的主体应该是多元的，现代评价理论也告诉我们，教育评价已经不再把被评价者视为评价的待查体，而是把他视为教育评价的主体，必须积极鼓励学生参与到课堂教学的评价之中，将学生的自我评价作为学生学习过程的一部分，使评价成为促进学生主体意识的形成、自主学习能力提高的一种有效手段，让学生在自我评价中不断改进自己的学习，重视学生的自我评价是时代发展和新课程改革的必然要求。

教师的角色转变：在这种教育模式下，教师的角色从传统的知识传授者转变为学生的学习引导者和助手，更加关注学生的个体差异和个性化需求，在过去，教师主要起到传授知识的作用，课堂上的教育往往呈现一种"教师为中心"的状态，教师是绝对的权威，然而，随着信息时代的来临，信息获取已经不再是教师的专利，学生可以通过互联网轻松获取大量的知识。

学生自主参与课程的实施，需要学校、教师、学生和社会的共同努力。学校要为学生提供丰富的学习资源和实践机会，教师要尊重和引导学生的主体地位,学生要积极参与课程设计和教学过程,社会要营造良好的教育氛围和支持体系。

合作学习能够激发创造性,有助于培养学生的合作意识和合作技能;合作学习有利于学生直接的交流沟通,有利于培养学生团队精神,凝聚人心,增进认识与理解;合作学习能够促使学生不断反省,不断提高,通过合作学习,学生可以互相交流、讨论和分享学习心得,加深对知识的理解和记忆,从而提高学习效果,没有一个人可以独善其身,我们都或多或少地与周围的社会环境发生着这样或那样的联系,人类的生存、发展和繁衍都离不开环境的支持和影响,不管是在现代还是过去,人们都会发生联系,过去的人们通过农业、畜牧业等方式从自然环境中获得食物,通过开采矿产资源来满足能源需求,现在的人们通过发展清洁能源和节能技术,减少了对化石燃料的需求和二氧化碳的排放,促进了可持续发展,环保意识得以提高,推动了环境法律和政策的制定和执行。这些积极的举措对于保护环境和可持续发展具有重要意义。

在合作学习的过程中,学生需要相互配合、协作和共同解决问题,从而培养团队意识和团队合作能力,此外,学生可以通过自己的努力和表现获得认可和成就感,从而增强自信心和自主学习能力,不仅需要分析和评价各种信息和观点,而且需要培养学生的批判性思维和创新思维,合作学习能够使你在学术界大放光彩,也不止于学术界,还有社交、情感等方面都可以得到锻炼和提高,培养自己的独立思考能力、解决问题的能力和沟通协作能力,为以后的学习和工作奠定基础。

3. 引导学生观察学习能力

学生的观察能力是学生发展的需求,教师应该尊重学生的发展权益,理解并重视学生的发展需要,鼓励学生积极参与,通过实践和游戏来学习,在其中不断取得进步,从而培养学生终身学习的能力和适应未来社会的能力,这是培养学生动手能力的基础和关键。

然而，培养学生观察的目的性需要一个循序渐进的过程，教师要从抓紧到放手，做到从容易观察到的开始，先是按部就班，之后再引导学生自己确定观察的目的和任务，激发渐起的求知欲。

评价一个人的学习能力涉及到多个方面，如学习方法、学习态度、思维能力和知识运用能力等。学习能力如同翅膀，使我们在知识的宇宙中自由飞翔。学习能力在当今社会的重要性和必要性日益凸显，随着科技的快速发展，知识的更新速度也在不断加快。只有拥有强大的学习能力，我们才能适应这个不断变化的世界，不被社会抛在身后。为什么这么说，需要我们从以下几方面探讨。

增强个人竞争力：在如今竞争激烈的社会中，拥有一定的学习能力意味着能够更快地掌握新知识、新技能，从而在工作和生活中具备更强的竞争力，能使我们更容易在职场中脱颖而出，获取更多的机会和资源。

应对社会变革：随着科技的飞速发展，社会环境和职业需求也在不断变化，只有具备较强的学习能力，我们才能够跟上时代的发展，适应新的社会环境，应对各种挑战。

丰富个人生活经历：学习能力不仅局限于工作和职业发展，还包括对生活的方方面面进行学习。拥有较强的学习能力使我们对新知识、新技能的摄取更加适应，从而丰富个人的业余生活，提高生活品质。

发展独立思考能力：学习能力的提高有助于培养独立思考的能力。通过不断地学习、观察和思考，我们可以形成自己的观点和见解，不盲从他人的意见，具备独立思考问题的能力。

促进人与人之间的交流：具备较强的学习能力的人在人际交往中更容易与他人沟通和交流，分享彼此的经验和见解，这有助于建立更广泛的人际关系，提升个人的社交能力。

在我们日常的生活中，我们应该有意识地培养我们观察并动手实践的学习能力。同时，老师们也应该设法向学生灌输这种重要的观念。

我们可以从小事做起，这些小事将成为我们取得巨大成就的基石，每一件小事的集合都蕴含着巨大的力量。

比如，通过让学生亲手种植一棵植物，例如豆芽或小麦，并仔细观察它的成长过程。通过每天观察和记录植物的生长情况，学生们可以学到植物的发育规律和变化，并且培养他们的观察力和感知能力，同时也能感受到植物与动物之间的差异，对每一种生命怀有敬畏之心，不错过任何一个细节。

另外，可以让学生自己动手制作一个简单的科学实验，比如制作一个电路。通过连接电池、导线和灯泡，让学生观察电流的流动和灯泡亮度的变化，以此来学习物理电学知识，打下扎实的学习基础，为将来更深入的学习奠定基础。

此外，我们还可以带领学生们到户外观察昆虫的生活习性和行为，并且去思考它们背后的本质。例如，观察蚂蚁是如何搬运食物，蜜蜂是如何采蜜，蝴蝶是如何飞翔等等。通过观察和记录，学生们可以学到昆虫的生活习性和生态环境，并且培养他们的观察力和探索精神。

还可以让学生们动手制作一些模型，比如地球仪、太阳系模型等。在亲手制作的过程中，学生们要克服各种困难，并取得了丰硕的成果。通过观察物体的比例、形状和运动规律，学生们可以更好地理解地理和天文学知识。

此外，观察人体生理现象也是一种有益的学习方法。从自己开始，我们可以观察自己的指纹、臂长、眼睛虹膜等人体特征，以了解人体的生理结构和基因遗传知识。

以上这些例子可以使学生们在动手实践的过程中更好地观察和学习知识，并培养他们的动手观察学习能力。

如今，很多教师运用多媒体技术展现生动有趣的生物知识。

通过图片、视频和动画等形式，将抽象的概念具象化，帮助学生们更容易理解和记忆。同时，教师们还设计了互动环节，积极引导学生参与课堂，提出问题、展开讨论并分享个人观点。

为了满足不同学生的学习需求，教师们根据学生兴趣和能力差异，设置了多样的学习任务和活动。有些学生可能更喜欢通过实验学习，教师会组织实验课程，让学生们亲自动手操作，并观察记录实验结果。而对于那些喜欢阅读的学生，教师会提供相关文献资料，让他们更深入了解生物学的前沿知识。

在课堂结束时，教师会进行总结和复习，巩固学生的学习成果。同时，教师还鼓励学生提出问题和反馈意见，以便不断改进教学方法和内容。

通过有趣的多媒体生物课程，学生不仅能够获取生物知识，还能培养和发展自己的生物学核心素养。他们在参与课堂的过程中，不仅能够积极思考和探索，还能培养观察、实验和分析能力，提高学习兴趣和动力。同时，个性化的教学也能满足不同学生的学习需求，使每个学生都能在自己的学习领域中得到发展和成长。

分析实操步骤——

除了传统的多媒体课堂，还有一种以情境和问题为导向的教学方式，可以在多媒体教学的基础上增加学生的参与度，使得学生获得更深入的体验。

以下是一段多媒体生物课的实操详细操作过程分享：

首先，在课前，老师准备了一段有趣的视频，展示了一群蚂蚁寻找食物的行为。这个视频激发了学生对生物学的探索兴趣。

其次，老师组织学生分成小组，每个小组由4-5名学生组成。每个小组都分配了一个任务，要求他们观察并记录蚂蚁的行为，然后进行讨论和分析。这样的小组合作学习有助于学生之间的互动与合作，培养他们的团队合作能力。

在小组讨论过程中，老师扮演了引导者的角色，鼓励学生提出问题、分享观察结果，并引导他们进行深入的思考和探索。老师还提供了一些相关的生物学知识和概念，帮助学生理解和解释他们的观察结果。

再次，每个小组选出一位代表，向全班展示他们的观察和分析。这样的展示不仅可以让学生分享他们的发现，还可以促进学生之间的交流和学习。

最后，老师对本节课的重点进行了总结，并提出了一些问题供学生思考和讨论。这样的总结和提问可以帮助学生巩固所学知识，并激发他们进一步的思考和探索。

通过这样的情境课堂教学，学生不仅可以在观察和分析中培养和发展他们的生物学核心素养，还可以通过合作学习和互动交流提高他们的学习效果和兴趣。这种教学方式可以激发学生的主动性和创造性，培养他们的探索精神和解决问题的能力。

在一所小学的生物课上，老师决定通过创设情境与问题导向的方式来进行教学，以培养和发展学生的生物学核心素养。这节课的主题是多媒体生物课，旨在通过多媒体的运用，激发学生的兴趣，推动学生主动参与合作学习。

课堂开始时，教师向学生们介绍了一个引人入胜的场景：一名研究人员意外地发现了一种异常特殊的植物，这种植物具备在极端环境下生存的能力，并且拥有独特的药用价值。然而，这种植物的生长条件非常特殊，只有在特定的温度、湿度和光照条件下才能生长。科学家们希望开发一种新方法，使这种植物能够适应一般环境并生长。

紧接着，教师提出了一个问题：你们认为研究人员应该采取何种方法来探究这种植物的生长条件？学生们踊跃举手发言，有的提出可以通过观察植物在不同环境下的生长情况来研究，有的提出可以通过调整温度、湿度和光照条件来模拟特殊环境，还有的提出可以通过对植物的基因进行研究来找到生长的关键因素。

　　教师鼓励学生表达自己的观点，并对他们的意见进行整理。随后，教师通过多媒体展示了一些与此相关的实验和研究成果，让学生们更深入地了解这个问题。学生们看到了科学家们在实验室中对植物进行观察和记录的过程，他们也看到了科学家们通过调整环境条件来研究植物的生长情况，还有科学家们通过基因编辑技术来研究植物的基因。

　　在展示结束后，教师组织学生们进行小组讨论，每个小组都有一个问题需要解决：你们认为研究人员应该采取何种方法来进一步研究这种植物的生长条件？学生们积极地讨论着，互相交流着自己的观点和想法。有的小组认为可以通过更加精确地调整环境条件来进行研究，有的小组认为可以通过与其他研究人员合作来进行更深入的研究，还有的小组认为可以通过对其他植物的比较研究来找到生长的关键因素。

　　在小组讨论结束后，每个小组派出一名代表向全班汇报他们的讨论结果。学生们通过听取其他小组的报告，进一步拓宽了自己的思路，并且对其他小组的观点提出了自己的看法和建议。

　　最后，教师总结了这节课的内容，并鼓励学生们继续保持对生物学的兴趣和热情。教师提醒学生们，生物学是一门非常广阔的学科，还有很多有趣的问题等待着他们去探索和解决。

　　但是，无论是通过多媒体展示的生物课还是情景课堂，学生们不仅学到了知识，还培养了他们的观察、思考和合作能力。他们通过创设情境和问题导向的方式，主动参与了课堂的学习过程，并且通过小组讨论和报告的形式，与其他同学进行了合作学习。这种个性化教学的方式，不仅提高了学生的学习效果，还激发了他们对生物学的兴趣和热情。

第七章 生物学教师自我提升的主要方向

一、专业知识和能力的提升

我们的生活之所以如此美好，是因为各行各业的从业者不辞辛劳，他们所运用的专业知识无处不在。专业知识是在特定领域中经过深入学习和实践才能掌握的知识、技能和经验。它的范围广泛，涉及医学、工程、法律、教育等各个领域。专业知识具有专业性、实用性和针对性等特点，是从事特定职业或专业所必备的基本素养。

对于教师来说尤为重要，他们是负责教育和引导未来一代的重要人物。如果教师停止更新自己的专业知识，将无法更好地满足学生的需求。面对学生的问题束手无策，也将无法在竞争激烈的教育行业中保持优势。提升专业知识可以帮助教师更好地理解学生的心理和行为，更好地应对教学中的问题和挑战。丰富的专业知识能让教师更加自信地应对教学中的挑战，能够从容面对难题，也更容易吸引学生的关注和兴趣。

不同的教师拥有不同的教学风格，这得益于他们接受到的教育和扎实的专业知识。扎实的专业知识也是教师与学生建立紧密联系的必要前提。缺乏这个前提，教师的处境会变得相当尴尬。因此，教师若有机会深入了解学生的兴趣和优势，便能更好地激发学生的学习兴趣，发掘他们的学习潜力。

俗话所说，"活到老，学到老"。在任何群体和职业中，持续学习才是最重要的技能。

从事教师职业的人可以参加专业培训、研讨会和实践课程，以确保知识的补充和学习新知识和技能。生物教师需要时刻关注生物学领域的新动态和发展趋势，了解新的教学方法和技术，以保持学科教学的活力。

交流的重要意义在于它是人类社会发展的基础和动力。通过交流，人们可以分享知识、思想、观点和经验，增进相互了解和信任，推动合作和共同进步。

交流对人类社会的发展具有重要推动作用。通过交流，人们可以分享知识、技术和经验，从而促进社会进步。生物学教师可以与同行进行交流，分享彼此的经验和想法，学习其他人的专业知识和技能。他们还可以选择加入学术团体或专业协会，与其他生物学教师合作，共同推动生物学教育的进步。智者更懂得交流的重要性和提升的价值。国际上经常出现科学家们通过交流研究成果，发现新理论和方法的案例。

生物学教师也可以参与实践和研究项目。他们可以发现新的知识和技能，并将其应用于教学中。通过与学生一起开展研究项目，他们培养学生的实践能力和创新能力。

（一）持续学习和研究最新数学教育理论和方法，关注国内外生物学教育研究的前沿动态

学习是一个不断进行的过程，只有坚持才能获得它所蕴含的巨大动力。如果停滞不前，将面临许多麻烦和困扰。你的同质化、代沟、理解偏差和思维僵化都源于知识储备不足。当知识储备不够时，在聚会中可能会表达受限，吸引异性的能力减弱，收入也难以提高。那么，如何变得更出众呢？答案就是不断获取新知识，并筛选学习所需。只有确定能真正提升个人能力的专业知识，才值得学习。通过不断定位和有目标性的学习规划，可以使思维不

再僵化，从而提升自我认知，更好地理解他人和事物，进而实现更高层次的提升。

研究最新的教学理论和方法也是学习的一个重要途径，其中包括以下几种方法。

建构主义教育理论：建构主义教育理论认为学习是一个主动的过程，学生通过与外部环境的互动来建构自己的知识和理解。在这种理论下，教师的角色发生转变，从传统的知识传授者变为学习的引导者和助手。建构主义教育方法强调学生的主体性，鼓励学生通过合作、探究和反思等方式进行学习。

认知负荷理论：认知负荷理论认为在学习过程中，学生的认知资源是有限的。为了提高学习效果，教师需要合理安排学习任务，降低学生的认知负荷。具体的做法包括将复杂任务分解成简单任务、减少干扰信息，提供有效的提示和反馈等。

情境教育理论：情境教育理论强调学习应该与真实情境相结合，学生在实际情境中解决问题可以提高学习动机和效果。通过实际情境，学生可以更直观地感受和处理事物，教师可以设置情境教学，让学生在实际场景中完成任务，提高学生的实践能力和综合素质。

混合式教学：混合式教学结合了传统面授课程和在线学习资源，旨在提高学习效果和便利性。教师可以利用在线学习平台为学生提供丰富的学习资源，例如视频、文章、作业和讨论等。同时，教师还可以组织在线讨论和答疑，及时解决学生遇到的问题，提高学生的参与度和积极性。

项目式教学：项目式教学是一种以解决实际问题为目标的教学方法，教师可以组织学生进行团队协作，完成具有挑战性的项目。在这个过程中，学生不仅能够学习相关知识，还能够提高沟通、协作和问题解决能力。

这些教学理论和方法并不是互相排斥的，教师可以根据实际情况，灵活运用这些方法，明智地选择，以提高教学质量。

关注国内外生物学研究的重要性不言而喻，人类在发展，世界也在变化。生物学作为研究生命现象的科学，涉及生态学、遗传学、生理学、进化学等多个领域。生物学的研究对象包括微生物、植物、动物和人类等各种生命体。因此，生物学的研究成果对人类生活产生了深远的影响。

"两耳不闻窗外事，一心只读圣贤书"的心态并不可取，它代表了封闭自我的思想。要想进步，就要用开放的心态关注国内外的新闻。国内外生物学研究的进展可以帮助我们更好地了解生命的本质和运作方式，进而有助于解决许多重要问题，如疾病的治疗和预防、生态系统的保护和发展、农业和食品生产的优化等。

通过对基因的研究，我们可以更好地理解遗传疾病的成因，并开发出更有效的治疗方法。具备专业知识的教师在面对生态学研究时，可以更轻易地发现其中的本质和奥秘，并更好地保护和管理自然资源，维持生态平衡。

此外，生物学的研究还有助于推动科学技术的发展。生物技术的进步使我们能够利用生物体内的机制生产药物、生物燃料等。生物制药技术已应用于生产许多重要药物，包括抗体、疫苗、激素、酶和细胞治疗产品等。因此，关注国内外生物学研究的进展可以帮助我们跟踪最新的科学技术，更好地应用这些技术推动社会发展，为社会作出贡献。

生物学研究对于推动科学技术的发展和改善人类生活具有重要意义。专注于该领域的研究可以帮助我们更好地了解生命的本质，探索生命的起源、演化、结构、功能和分类等基本问题。这些知识不仅满足了人类对自然界的探索，还为相关学科如医学、农业、环境保护等提供了重要的理论基础和实践指导。

生物技术产业的快速发展已成为全球经济发展的重要推动力之一。在生物医药、农业、食品、环保等领域，生物技术的应用已产生了巨大的经济效益和社会效益。合理开发和利用自然资源、提高农业生产效率、保护生态环境是促进社会可持续发展的重要保障。

近年来，国内生物学研究取得了重大突破，涵盖了多个领域，包括分子生物学、细胞生物学、生态学、进化生物学等。在国内高校和研究所中，中国科学院上海生命科学研究院、北京大学、清华大学、复旦大学、浙江大学、武汉大学等知名生命科学研究机构取得了世界领先的成果，例如在基因编辑、抗肿瘤研究、脑科学研究等领域。同时，国家政策也给予了国内生物学研究极大的支持和鼓励，国家在多个层面制定了相关政策和规划，以促进生命科学研究的发展。在"十三五"国家科技创新规划中明确提出了加强生命科学研究的战略目标，特别重视国家自然科学基金、国家重点研发计划等项目，这些项目为生物学研究提供了丰富的资金支持。

在国际范围内，生物学研究也取得了许多重大突破。麻省理工学院、哈佛大学、斯坦福大学、剑桥大学等国际知名生物学研究机构在基因编辑、基因治疗、神经科学研究等领域处于世界领先地位。

生物学研究之所以能够蓬勃发展，主要得益于各国政府和企业的高度重视。各国纷纷增加生命科学研究的投入，以推动科技进步和经济社会发展。例如，美国国家卫生研究院（NIH）每年投入大量资金支持生物学研究；欧盟的"地平线2020"计划也将生物技术列为重点支持领域。各国都非常重视生物学这门学科。

国内外的生物学研究取得了显著的进展，为我们认识生命现象、解决疾病和环境问题提供了重要支持。随着科技的不断进步，生物学研究必将持续发展，并继续在人类社会上发挥重要作用，为人类的可持续发展提供坚实保障。

教师们必须不断提升专业知识，以跟上国际的新发现和不断提出的理论观点。只有这样，才能更好地理解和应用这些知识。

教师为了丰富自己的内心世界，最直接的方式是广泛涉猎，因为阅读是提升专业知识的最基本方法。老师应该阅读各种相关领域的书籍、文章和作品，掌握该领域的基本知识、历史背景、最新动态和未来趋势。同时，也要涉猎其他领域的书籍，以拓宽视野、丰富个人经验。

积极参与专业座谈会、培训和研讨会是让教师系统学习新知识和技能的途径。通过与同行交流，了解行业动态，老师可以结交业内专业人士，建立人脉关系，开阔视野，为自己的职业发展创造更多机会。

教师应该在教学实践中不断尝试新的教学方法和策略，并根据学生的反馈和自身心得进行调整和改进。同时，可以参与课程的设计和编写，创建个人的教学资源和教材，提升专业知识和技能水平。

（二）参与学术交流与研讨活动

学术交流和研讨活动都是学术领域的重要部分，它们的目的都是为了推动学术研究的进步和学术水平的提升。然而，它们在性质上存在一些差异。学术交流活动通常旨在展示学术成果、交流学术思想和研究进展。在这类活动中，参与者通常会发表学术论文或进行演讲，介绍自己的研究成果或进展，并与其他学者进行讨论和交流，以促进学术研究的发展和深化。因此，学术交流活动具有相对正式和严肃的特点，更加注重于研究成果的展示和学术交流。

而研讨活动则更加关注对某个具体问题或主题的深入探讨和讨论，旨在解决特定问题或推动特定项目的进展。在这类活动中，参与者通常会针对某个主题进行讨论和交流，探讨相关问题，交流思想和观点，并共同寻找解决问题的方法和策略。研讨活动注重讨论和交流的过程，更加灵活和自由，更加注重实际问题的解决和实效的实现。

这两种活动在学术领域都扮演着重要的角色，它们在不同方面和层面上发挥着不同的作用。学术交流活动可以推动学术研究的发展和深化，提高学者的学术水平。而研讨活动更加侧重于实际问题的解决和实效的实现，能够更直接地推动学术成果的转化和应用。

学者之间的交流与合作有助于推动学术研究不断深入和发展，提升学术水平，增加学者的学术影响力。教师参加交流活动可以了解最新的学术动态和研究成果，发现新的研究方向和思路，增强学术创新能力。同时，参与交流活动还可以提高教师的交流和表达能力，增强自信心和自我认知能力，促进个人职业发展，为学生的教学奠定基础。

教师参加学术交流活动还能为所在的学校和学科带来更多的学术资源和机会，提高学校的影响力和知名度，推动学科的建设和发展。学术交流是难得的机会，能够推动学术研究的不断深入和发展，提高教师的学术水平和职业发展，同时也为学校和学科的建设和发展作出贡献。

教学水平和教学能力是两个紧密相关但又不尽相同的概念。教学水平指的是教师在教学过程中的表现和成果，包括教学内容、教学方法、教学态度、教学效果等方面。一个教学水平高的教师，应当具备扎实的学科知识，能够准确、明确地传授知识，同时还能够运用适当的教学方法和手段，激发学生的学习兴趣和积极性，提高学生的学习成绩。而教学能力则强调了教师的教学技能和教学经验。一个教学能力强的教师，不仅应当具备扎实的学科知识和丰富的教学经验，还应当能够根据学生的学习情况和需求，灵活地运用不同的教学方法和手段，帮助学生更好地理解和掌握知识。教学能力还包括教师的教学创新能力和教学评价能力，能够不断改进自身的教学方法和手段，提高教学质量。

为了促进教师之间的合作和团队建设，增进相互之间的理解和信任，从而为教学提供更好的支持，研讨是不可或缺的一环。在研讨期间，教师们可以共同解决教学中的难题，共同探讨教学创新的方法和途径，推动教学质量的不断提高。这种合作和研讨的过程既有助于教师们互相借鉴经验，又能够促进教育教学理念的交流和碰撞，为教育事业的发展注入更多的活力和创新。

案例分享：自我认知，亲身经历所见所闻所感，参加生物学教学的课程的课后体验与看法

在我长期的教学经验中，有许多亲身经历、所见所闻和所感，使我对生物教学有更深入的认识。只有通过亲身试验，才能获得更深刻的体验和领悟。

曾经有过一次，在课堂上向学生介绍了动物之间的捕猎行为。为了让学生更好地理解这一概念，我让他们观察了一段狮子捕猎的视频。在视频中，狮子运用自己的力量和技巧，成功地捕获了一只羚羊。

观察完视频后，我向学生发问，让他们表达自己的感受。有一位学生举手发言，他说："老师，我觉得动物之间的攻击行为很残忍。"我好奇地询问他是如何产生这种感受的，他回答道："因为我看到狮子咬住了羚羊，而羚羊却在不停地挣扎，我觉得这很残忍。"

听到这里，我感到很高兴。这位学生能够从视频中观察到动物之间的捕猎行为，并且能够表达出自己的感受，这表明他已经对该概念进行了思考和理解。因此，我也解释了这段视频所要传达的观点："自然无情，生态平衡"。

作为一位生物教师，我也有过一些教学经验的反面。有时候，我会在课堂上滔滔不绝地讲解，而忽略了学生的反应和实际情况。

这些都是我刚开始教学时犯下的错误。这些不太适当的教学方法实际上给学生带来了压力，结果是学生在理论上掌握了一定的知识，但在实际操作中却感到束手无策，甚至引发误解。

此外，我也曾遇到一些学生对我的教学方法提出质疑或意见，但我未能及时、耐心地倾听他们的想法，并与他们进行沟通、探讨。这会导致学生在学习中失去主动性，或者产生对学科的厌倦情绪。

我认识到那些不利的经验，并努力改进我的教学方法，提升教学质量。这也更加加强了我对有效沟通的意识，成为我一直追求的标准。现在，我开始重视学生的反馈，及时了解他们的学习情况，并根据情况调整我的教学方法。同时，我也开始增加实践操作的环节，让学生更多地参与学习，并通过实践操作提升他们的能力。

除此之外，在课堂上介绍基因的概念时，教师可以通过让学生进行实验操作，观察遗传现象，并探究基因的传递规律。这样的交互式学习方式可以帮助学生更好地理解知识。

知识的目的并不仅仅是为了应付考试，教师还可以通过讲解具体的遗传疾病，让学生了解遗传在人类健康中的重要性。例如，教师可以介绍染色体异常疾病，如唐氏综合征、特纳氏综合征等，让学生了解这些疾病的遗传机制，并引导学生思考如何通过遗传咨询和基因检测来预防这些疾病。

另外，教师还可以通过讲解不同物种之间的遗传相似性，让学生了解遗传与物种形成和进化的关系。通过探究遗传在不同生物群体中的表现，可以揭示遗传在物种形成和进化中的作用。这些例子有助于教师让学生认识到遗传的重要性和作用，并培养学生的科学素养。

二、提升教学技能和教学资源的利用能力

合理地充分利用周围的资源，包括在不经意间积累的技能，

都能成为获得巨大助力的动力源泉。

教学技能指的是教师在教学过程中所需具备的技能和能力，包括教学设计、课堂管理、教学评价等各个方面。

对于教师而言，教学技能的提高不仅能够帮助他们更好地完成教学任务，还能够提升教学质量，为教学提供高质量的服务。拥有优秀教学技能的教师能够设计出行之有效的教学活动，吸引学生注意力，激发学习兴趣，助力学生更好地理解课程内容。此外，拥有良好教学技能的教师还能够更好地控制课堂秩序，保证教学流程的顺畅进行。

目前，学校内有多个组织为教师提供各类培训课程，帮助他们掌握新的教学方法和策略。在大数据的支持下，研究者们有重点地划分开设了与课堂管理、教学设计、教学评价等方面相关的课程，为教师提供了学习机会，让他们能够更好地掌握如何控制课堂秩序、设计有效的教学活动以及评价学生的学习效果等。

随着互联网的发展，网络上的教学资源极为丰富。同时，也伴随着资源泛滥的风险，信息质量良莠不齐。因此，教师需要具备良好的搜索能力，才能更好地找到适合自己教学需求的资源。

为了提升搜寻教学资源的能力，教师可以参考以下几个方面。

（一）结合信息技术和教学实践，学习和掌握先进的教学技术和工具

在教育实践中，教师可以利用现代科技为教学提供支持。建议教师在业余时间多进行网络搜索和浏览，找到相关教学资源，丰富课堂内容。教师可以运用多媒体课件制作工具，制作生动有趣的课件，激发学生学习的兴趣。此外，教师还可以利用在线协作工具与学生进行交流和合作，以提高教学效果。

教师也可以通过信息技术来提升自身的教学能力。建议教师经常参加在线培训课程，提升信息技术水平。

信息技术与深度学习之间存在着密切的联系。深度学习是一种基于人工神经网络的机器学习技术，通过多层神经网络模型对大量数据进行学习，实现数据的分析和预测。而信息技术则是利用计算机和网络技术处理、传输和存储信息的领域。

在当今信息时代，信息技术已经渗透到各个领域，为深度学习提供了强大支持。具体而言，信息技术为深度学习提供了丰富的数据资源，网络上的文本、图像、音频和视频数据为深度学习模型提供了学习材料，通过海量数据的学习，不断提升预测能力。此外，信息技术还为深度学习提供了强大的计算能力，随着计算机技术的不断发展，深度学习模型可以通过大规模的并行计算快速地分析和学习海量数据。

由于高中生物的知识点和原理往往较为抽象，需要深入理解。仅凭教师口述很难理解其中深奥的知识原理。而多媒体技术的应用则大不相同，它可以解析深奥原理背后的逻辑思维，逐层揭开其中的奥妙。

在教学"细胞的组成和化合物"章节时，学生往往难以理解细胞的生长过程和构成原理。因此，建议教师充分发挥多媒体技术的优势，采用FLASH动画等形式进行演示，直观展示细胞的组成、营养、运动和繁殖过程，使抽象的生物知识变得通俗易懂。这样的教学方法激发了学生的思维，让他们更深刻地理解实验的原理和步骤，提升了他们对实验的认识。

信息化教学工具被广泛运用于各个领域，涵盖了多种工具，如多媒体教学、网络教学、虚拟仿真教学以及电子教案、电子白板、在线作业、电子书籍等。这些工具不仅让教师拥有更丰富的教学资源，减轻备课负担，还为学生提供了更具灵活性的学习方式。调查显示，越来越多的人认同教育技术的应用，它已经成为教师职业中不可或缺的组成部分。教育技术的应用有助于教师更好地传授知识，提升学生的学习兴趣和效果。

（二）借助教育平台和工具提升教学效果利用互联网资源和教育平台进行教学创新

互联网是一种全球性的信息网络系统，使得世界各地的用户能够通过网络进行互相交流。它对于人类社会的影响深远，改变了我们生活的各个方面。

想要更加便捷地获取信息，用户可以利用互联网。通过互联网，人们可以访问各种网站，获取丰富多样的信息。用户可以通过搜索引擎找到与自己相关的信息，还可以通过社交媒体与朋友和家人保持联系。互联网带来了许多新的机会，只需动动手指，人们就能轻松地获取大量信息，开阔视野。

互联网的出现引发了广泛的网上互动，使人们能够跨越时空障碍进行交流，丰富了社交生活，打破了初次见面的拘谨和尴尬。在网络上，人们更加自在，通过社交媒体、论坛等平台，可以结交志同道合的朋友，分享观点和经验。网络具有交换信息的特性，一些人也发现了潜在的商业机会，通过在线营销为新兴产业和个人创造了丰富的商机。值得一提的是，通过互联网，企业可以扩展市场、降低成本，个人可以尝试自主创业、实现梦想。越来越多的人尝试着跨越式合作，科研人员和创业者可以通过网络平台分享资源、交流想法，共同推动科技进步和社会发展。通过在线教育平台，学生们可以获得更多知识，获得更好的教育。

互联网打破了地域限制，使得教育资源能够普及到偏远地区。在过去，偏远地区的学生由于条件限制，难以接触到高质量的教育资源。而如今，利用互联网，他们不再受时空和地域的限制，可以通过在线学习平台获得与其他地区学生相同的学习机会，实现教育的均等化。这是国家大力倡导的结果。

案例分享：西湖大学云谷校区的实验教学参考

为了拓宽学生的视野，加强科技教育，激发学生对科研的兴趣，杭外学校派出了一支学生代表团，与全体教师一同参观了西湖大学云谷校区。

在毛艳博老师的带领下，同学们进入了生物化学与分子生物学实验室，这个区域是西湖大学进行实验教学的地方。毛老师向同学们展示了细菌培养皿、果蝇样本、细胞显微照片等实验材料，并结合实验仪器的操作向同学们讲解了转基因荧光蛋白的知识。同学们积极与老师互动，展开讨论，思维活跃，对科研领域充满好奇和兴趣。

参观实验室的过程让同学们深刻体会到了科学研究的方法和过程，从基础知识出发，寻求差异，最终将知识应用于实践。同学们不仅看到了书本知识的实际应用，也对科研的严谨性和科研人员的不懈探索有了更深刻的认识。

西湖大学注重培养学生的实践能力，学校充分利用所在地杭州的优势，为学生提供丰富的实习和就业机会。通过实践，学生可以更好地了解职场环境并提高自己的实际操作能力。此外，西湖大学还注重培养学生的创新能力，开设了多门创新创业课程，并提供丰富的创新创业资源。学生在这些课程和资源的帮助下，可以培养出自己的创新思维，并有机会实现自己的创新创业梦想。这些做法是一代人的楷模，也是一代人的追求目标，即使面临激烈竞争，仍然受到广泛赞誉。

我认为教育工作者应具备更人性化的特质。他们应善于发现学生的特点，并通过鼓励和包容来激励他们。心理学作为研究人类思维、行为和情感的科学，可以帮助教师更好地理解学生，采用更有效的教学方法。

学习心理学可以帮助教师了解学生的认知发展水平，并根据学生的认知能力设计适合他们的教学内容。此外，心理学还可以帮助教师了解学生的学习动机，并采取激励措施促进学生的学习。作为一名教师，不论是教授哪一科目，了解和学习心理学这门特殊技能都能提高教学质量。

出现心理问题的学生对身边的同学敏感度较高，常常忽视自身感受。他们会有较大情绪起伏，不能因为一次偶然的错误就全盘否定他们。这种无端的指责会使情况恶化，增加学生心理压力。这时候，老师的指导尤为重要，因为此时在老师的帮助与心理引导下，可以帮助他们走出心理上的困境。

曾经有一位学生，担任班级班长的职位，负责处理各种事务。因此她压力很大，对自己的能力产生了怀疑。我发现这位学生十分细心，首先考虑的是他人的利益。于是我对她进行了心理辅导，以帮助她更好地胜任工作。以帮助她更好地胜任工作。我将重点转移，着重强调了如何改进工作质量、促进同学间关系，以及如何提高工作效率等问题。我主要目的是为了让她明白提升事务的发展并不是仅靠自我的担忧，而需要思考、计划和付诸行动。我向她表示愿意随时协助并鼓励她，无论是精神上还是行动上。最终，这位学生成功调整了自己的心态，既能出色完成工作又不耽误学习。

对孩子的教育并不仅限于学科知识的传授，更重要的是教导他们如何做人。这种教育不仅局限于生物层面，还包括精神和道德等方面

老师是学生的楷模，学生常常会模仿老师的行为和态度。如果老师能够在日常生活中展现良好的道德品质和行为习惯，学生也会从中学习到。

除了品德品质和行为习惯，老师还要教导学生正确的价值观和人生观。学生应明白，做人应以诚信为本，坚持公平正义，追求真理，并努力奋斗。通过这样的教育，学生才能更好地适应社会，并为社会作出贡献。

中学生心理健康是当今社会亟待关注和解决的问题。不仅仅是老师，所有人都应该高度重视。心理问题不仅会影响人们的情

绪和心理健康，还会对人们的学习、工作和人际交往等社会功能产生影响。因此，我们应该重视心理问题的危害，并积极寻求帮助。

心理健康是一个人综合素质的重要组成部分，尤其对中学生来说，它的重要性更是不言而喻。中学生正处于身体发育和心理成长的关键时期，他们面临着学习压力、人际关系的变化、对未来的焦虑和自我认知的建立等一系列挑战。如果这些问题得不到妥善解决，将会对他们的身心健康和学习成绩带来不可小觑的影响。

从心理学的角度来说，教师作为学生的引路人和指导者，发挥着不可或缺的作用。教师首先要加强自我认知，正视自身的不足，并积极进行补充学习和提升。只有通过不断地自我反省和改进，教师才能更好地理解和帮助学生。另外，教师应该具备一定的心理辅导知识和技能，以便能够及时发现学生心理问题，并给予适当的支持和引导。

在班级管理中，教师可以采取一系列措施来促进学生的心理健康。教师应该关注学生的学习和生活情况，及时与学生进行沟通和交流，建立良好的师生关系。同时，教师还可以组织一些心理健康教育活动，向学生介绍如何应对压力、解决问题、调节情绪等技巧，帮助他们培养积极乐观的心态。

此外，学校还可以成立心理健康教育咨询中心，为学生提供专业的心理咨询服务。学生可以在这里找到倾诉的对象，得到专业的指导和支持。通过这些渠道，学生可以更好地了解自己的内心世界，树立正确的价值观和人生观，建立积极健康的心理状态。

第八章　对生物学未来研究的展望和建议

一、展望未来生物学教学的发展方向

（一）中学生物学与未来数字智能的关系

中学生物学和未来的数字智能之间存在着密切的关系。随着科技的不断进步，数字智能技术将渗透到各个领域，并对传统的学科产生深远影响。在生物学领域中，数字智能可以提供更高效、更准确的数据分析和模拟技术，帮助科学家们更好地理解生物系统。

一方面，数字智能技术可以加速生物信息的获取和处理。数字智能技术，如人工智能、大数据分析等，可以处理和分析海量的生物信息数据，帮助科学家们更快地进行数据挖掘与分析，从而快速获得有价值的信息。通过数字智能技术，科学家们可以利用机器学习和深度学习算法对生物信息数据进行自动分类、特征提取、模式识别等操作，从中找出隐藏在数据中的规律和关联。这种高效的数据处理方式，可以大大加速生物信息的获取和解读过程，缩短科研周期，推动科学研究的进展。此外，数字智能技术还可应用于生物信息学相关领域，如基因组学、蛋白质组学、药物研发等。它可以在基因组测序、基因功能预测、蛋白质结构预测、化合物筛选等方面发挥重要作用，促进生物医学研究和医药领域的创新发展。数字智能技术对生物信息的获取和处理具有巨大的潜力，能够加速科研进程，推动生物医学和生命科学的发展。

数字智能技术可以帮助科学家们对这些大规模数据进行高效的分析和挖掘，从而发现更多的生物学规律和新的科研方向。

另一方面，数字智能技术还可以帮助生物学家们建立更有效的生物模型和仿真系统。通过数字智能技术，科学家们可以更好地理解生物系统的运作机制，并预测其可能的变化和反应。这对于研究生物体内的复杂关系、药物开发和疾病治疗等方面具有重要意义。通过数字智能技术，科学家们可以利用机器学习和深度学习算法对有关生物系统的数据进行分析和建模。他们可以利用这些模型和仿真系统来模拟和研究生物体内的复杂关系，例如蛋白质相互作用、代谢途径等，并探索如何干预和调节这些关系。此外，基于数字智能技术的生物模型和仿真系统还可应用于药物开发和疾病治疗。科学家们可以使用这些模型和系统来预测潜在药物的效果和副作用，优化药物设计和筛选过程。对于疾病治疗，科学家们可以利用这些系统来评估不同治疗方案的效果，并预测患者的反应和疾病演变趋势。总之，数字智能技术为生物学家们建立更有效的生物模型和仿真系统提供了新的工具和方法。这些模型和系统可以帮助科学家们更好地理解生物系统及其运作机制，并为药物开发和疾病治疗等领域的研究提供重要支持。

中学生物学的教育应该适应这一趋势，增加对数字智能技术的介绍和运用。学生可以学习基本的数据分析和编程技能，以便更好地利用数字智能技术进行生物学研究。此外，学生还应该培养信息获取、数据处理和问题解决的能力，以适应未来生物科学与数字智能结合的发展趋势。

（二）生物学在数字智能时代的重要性

在数字智能时代，生物学的重要性愈发凸显，在我们的日常生活中，应用得比较广泛，比如健康医疗，生态和环境保护方面，农业和食品安全方面以及生物技术创新方面，都有着重要的体现。

以下是生物学在这几个方面重要性的具体体现。

健康和医疗方面：生物学在数字智能时代中扮演着关键角色，特别是在健康和医疗领域。通过数字化的医疗技术，如基因测序和生物传感器等，可以获取个体的详细生物数据，有助于早期诊断、精确医学和个体化治疗。数字智能技术可以帮助生物学家们分析这些大量的生物数据，发现潜在的遗传风险、疾病预测和个体化治疗方法。通过机器学习和深度学习算法，科学家们可以利用这些数据建立精确的预测模型，帮助医生识别患者的潜在风险，并在早期介入治疗。此外，数字智能技术还可以帮助生物学家们解析复杂的疾病机制，识别相关的基因变异、蛋白质相互作用等生物标志物，从而为疾病的精确诊断和个体化治疗提供依据。在药物研发方面，数字智能技术可以加速药物筛选与设计过程，降低成本和时间投入。总之，通过数字智能技术的应用，生物学在健康和医疗领域发挥着重要的作用。它可以帮助我们更好地理解个体的生物特征和疾病机制，提供个体化的健康管理和治疗方案，为人们带来更精确、高效的医疗服务。

生态和环境保护方面：在数字智能时代，生物学在理解和保护生态系统以及应对环境变化方面具有重要性。通过数字智能技术，可以监测和分析生态系统的状态和变化，例如气候变化对生态系统的影响、濒危物种保护等。这些信息可以帮助决策者制定科学有效的环境保护政策和可持续发展战略。通过数字智能技术，我们可以使用遥感数据、传感器网络和大数据分析等方法来监测和收集生态系统的各种相关信息，如气候变化、土地利用变化、物种多样性等。这些数据可以被用来预测环境变化的趋势和影响，帮助决策者和环境管理者制定科学有效的政策和措施，保护生态系统的完整性和功能。此外，数字智能技术还可以帮助生物学家们分析和研究濒危物种的保护策略。通过基因组学、生态建模和人工智能等技术，科学家们可以更好地了解濒危物种的分布、数量和遗传多样性等关键信息，进而制定有效的保护计划和管理措施。生物学在数字智能时代中在理解和保护生态系统以及应对环境变化方面具有重要性。数字智能技术可以提供大量的生态数据和分析工具，帮助我们更好地了解和应对环境变化的挑战，为可持续发展和生态保护作出贡献。

农业与食品安全方面：数字智能技术在农业生产中扮演着越来越重要的角色。通过生物学的知识结合数字智能技术的应用，可以提高农作物的产量和质量，优化农业资源利用的效率，同时减少对环境的影响。此外，数字智能技术还可以用于食品安全监测和溯源，保障食品供应链的质量和安全。通过数字智能技术，农业生产者可以收集和分析大量的数据，如土壤和气象信息、作物生长情况、病虫害监测等。利用机器学习和模型预测算法，可以对这些数据进行分析和建模，提供准确的农作物生长预测、病虫害预警和灾害风险评估等信息，帮助农民做出科学决策和管理。此外，数字智能技术还可以帮助优化农业资源的利用。例如，利用无人机、卫星遥感和传感器网络等技术监测和识别土壤中的养分和水分状况，从而精确调整施肥和灌溉措施，减少肥料和水资源的浪费。另外，数字智能技术在食品安全领域的应用也至关重要。通过数字化的监测系统和溯源技术，可以实时监测食品的生产、加工、运输和销售环节，确保食品供应链的质量和安全。这对于消费者的健康和信心至关重要。数字智能技术在农业生产中的应用有助于提高农作物产量和质量，优化资源利用效率，减少对环境的影响，并帮助确保食品安全。这将对农业可持续发展和保障粮食安全做出重要贡献。

生物技术创新方面：数字智能时代为生物技术的发展提供了广阔的空间。通过数字智能技术，可以加快生物材料的筛选、生物工艺过程的优化，从而促进新药的发现和生物产业的创新。生物学在数字智能时代中的应用还包括合成生物学、基因编辑技术等领域，推动着生物技术的创新与发展。在药物研发方面，数字智能技术可应用于药物分子的虚拟筛选和设计，加速药物发现的过程。通过机器学习和深度学习算法，科学家们可以利用已有的大量数据进行药物分子的预测和优化，从而高效地筛选出具有潜力的候选药物。此外，数字智能技术还可以帮助优化药物的生产工艺，提高生产效率和质量。合成生物学是另一个数字智能技术在生物技术中的重要应用领域。合成生物学结合了生物学、工程学和计算机科学等多个领域的知识，在人工构建和改造生物系统方面取得了重要进展。数字智能技术为合成生物学提供了强大的计算和模拟工具，帮助科学家们进行精确的基因组编辑、代谢工程和生物合成的设计与优化。此外，数字智能技术还可以帮助解析和应用基因编辑技术，如 CRISPR-Cas9，促进基因治疗和农业遗传改良的发展。通过数字智能技术，科学家们可以更准确地选择和编辑目标基因，提高基因编辑的效率和精确性。数字智能技术在生物技术领域的广泛应用加快了生物材料的筛选、生物工艺的优化，推动了新药的发现和生物产业的创新。它在合成生物学、基因编辑技术等领域的应用也为生物技术的创新与发展带来了新的机遇。

综上所述，生物学在数字智能时代的重要性日益增强。它是个体健康和医疗、生态和环境保护、农业与食品安全以及生物技术创新等多个领域的基础和支撑，为人类的健康和可持续发展提供了重要的科学依据和技术手段。

二、生物学未来研究的展望

（一）社会生态系统的可持续发展研究

社会生态系统的可持续发展研究是生物学未来研究一个重要的领域，涵盖了社会经济发展与环境保护之间的相互关系。这个领域的研究旨在促进人类社会与自然环境之间的和谐发展，以确保资源的可持续利用和环境的可持续保护。在我国，社会生态系统的可持续发展研究被视为一项长期重要的政策目标。政府部门、学术机构和社会团体积极参与研究与实践，以制定和实施可持续发展的政策与措施。这项研究涵盖了许多方面，包括合理利用资源、推动清洁生产、加强环境保护、减少污染和废弃物排放等。此外，还需要关注社会公平与公正，提高生态环境治理和保护的效率和效果，促进经济社会的可持续发展。政府高度重视社会生态系统的可持续发展，并将其纳入国家发展规划和政策框架。例如，中国在实施"美丽中国"倡议，推进生态文明建设方面取得了显著的成就。同时，政府在环境法律法规的制定和实施方面也加大了力度，在减少污染排放、提高资源利用效率等方面取得了积极进展。

对于研究社会生态系统，多尺度和跨学科的整合方法至关重要。生物学、社会学、经济学等学科的协同合作可以提供全面、综合的视角，促进对社会生态系统的深入理解。生物学在研究社会生态系统中发挥重要作用。通过生物学的方法，可以研究生物多样性、物种互动以及生态过程等方面，了解生物在社会生态系统中的角色和影响。生物学的知识可以为社会生态系统的保护和管理提供科学依据。社会学的参与对于研究社会生态系统的人类维度至关重要。社会学可以帮助了解社会行为、社会组织和社会关系对社会生态系统的影响。通过社会学的研究，可以分析和解释人类对环境的态度、价值观念、行为模式以及决策过程等方面的因素，从而评估和管理社会生态系统的可持续性。同时，经济学在研究社会生态系统中的可持续性和资源管理方面也起着重要作用。经济学可以分析资源的分配和利用，研究经济行为对环境和生态系统的影响，并提供相关的决策支持。经济学的视角可以帮助我们理解并解决社会生态系统面临的资源稀缺、环境污染等经济问题。

社会生态系统的可持续发展研究是我国政府关注的重点领域之一，它对于实现经济社会的可持续发展具有重要意义。通过不断深化研究和实践，我们可以推动资源的有效利用、环境保护和社会公平的实现，实现经济社会的可持续发展目标。通过整合生物学、社会学、经济学等学科的方法和理论，我们可以更全面地研究社会生态系统，深入理解其中的相互作用和协同机制。这种协同合作可以为可持续发展和社会生态系统管理提供科学依据，实现人与自然的和谐共生。

（二）基于生物学的社会生态预测与管理

基于生物学的社会生态预测与管理是一种综合运用生物学原理和方法来预测和管理社会生态系统的方法。它通过研究生物群落结构、物种相互作用、种群动态等生物学特征，以及社会因素如人类活动、社会经济发展等对生态系统的影响，来预测和管理社会生态系统的变化和发展。在我国基于生物学的社会生态预测与管理被视为一种重要的科学方法，用于指导保护生物多样性、生态环境建设和可持续发展。这种方法可以帮助我们了解生物群落的结构和功能，掌握物种相互作用和入侵物种对生态系统的影响，并提供科学依据和决策支持来制定有效的生态保护策略。通过基于生物学的社会生态预测与管理，我们可以对生态系统进行监测和评估，预测不同干扰因素对生物多样性和生态过程的影响，为政府决策和管理提供重要的科学依据。例如，在自然保护区的划定和管理中，可以借助物种多样性和种群动态的数据来优化保护方案和开展适当的干预措施。此外，基于生物学的社会生态预测与管理还可以用于推动生态环境恢复和可持续利用资源。通过研究和了解物种在不同环境下的适应性和响应机制，我们可以制定有效的生态恢复和资源利用策略，以实现生态环境的可持续发展。

基于生物学的社会生态预测与管理及模型和模拟技术在社会生态系统中的应用是一个广泛而复杂的领域。它涉及到许多不同的学科和方法，以促进对社会生态系统中各种生物群体和其相互作用的理解。在社会生态系统中，生物群体和它们之间的相互作用对于系统的稳定性和功能至关重要。借助生物学的视角，我们可以了解物种的分布、丰度和生活史特征，以及它们与环境的关系。社会生态预测与管理的目标是通过预测和管理人类活动对生物群体和生态系统的影响，确保可持续发展和生态保护。为了实现这一目标，模型和模拟技术被广泛应用于社会生态系统中。基于生物学的模型和模拟技术可以帮助我们模拟和预测社会生态系统的变化。例如，我们可以使用传统的种群动力学模型来预测物种数量的变化，或使用食物网络模型来研究食物链的稳定性。此外，新兴的个体模型和代理人模型可以帮助我们更好地理解个体行为对整体系统的影响。通过使用这些模型和模拟技术，我们可以评估不同管理措施的效果，并制定可持续发展的策略。例如，我们可以利用模型来评估不同的捕捞策略对渔业资源的影响，或者评估不同生态恢复方案对物种多样性的影响。

基因编辑和合成生物学对社会生态系统也有着潜在影响。基于生物学的社会生态预测与管理及模型和模拟技术在社会生态系统中的应用可以帮助我们更全面地了解和管理人类活动对生物群体和生态系统的影响，以实现可持续发展和生态保基因编辑和合成生物学是当代生物技术的重要领域，它们在医学、农业和环境保护等方面有着广泛的应用前景。然而，由于其与社会生态系统有潜在的关联，需要谨慎对待并进行充分的科学评估。在农业领域，基因编辑和合成生物学可以用于改良作物，提高产量和抗病虫害能力，这对粮食安全和农业可持续发展具有积极意义。但是，我们需要确保这些新品种的安全性、环境影响和食品安全问题，并加强监管和管理措施，避免对自然生态系统产生不可逆转的影响。此外，基因编辑和合成生物学也有可能被滥用或误用，对社会生态系统造成潜在的风险。例如，利用合成生物学技术可能制造出具有破坏性的生物武器，因此必须严格监管和控制合成生物学的研究和应用。中华人民共和国高度重视生物安全，将坚决遵循国际协议和规定，确保生物技术的合理和安全使用。基因编辑和合成生物学对社会生态系统有潜在的积极影响，但也存在风险。我们应该采取科学合理的管理措施，并严格遵守相关法规和政策，以确保这些技术的安全合理应用。同时，通过加强技术监管、推动国际交流合作等方式，不断提高我们对这些新技术的了解和应对能力。护的目标。然而，具体的应用还需要根据具体情况和政策需求进行深入研究和分析。

总之，基于生物学的社会生态预测与管理是一种重要的方法，可以帮助我们更好地理解和管理社会生态系统。它为保护生物多样性、维持生态平衡和实现可持续发展提供了科学依据和决策支持。中华人民共和国政府将继续鼓励和支持这种方法的研究和应用，以推动社会生态系统的健康、稳定和可持续发展。

三、生态环境与生物多样性保护

生态环境和生物多样性保护是密不可分的，相互关联的概念。生态环境是指生物、非生物要素以及它们之间的相互作用所构成的自然系统。而生物多样性是生态环境中各种不同生物物种的丰富度和多样性。生态环境提供了适宜的生存条件和资源供给，支持着各种生物物种的存在和发展。同时，生物多样性丰富也可以为生态环境提供更多的功能与稳定性。例如，多样化的植物群落可以提供更丰富的食物资源，各种生物之间复杂的相互作用促进了物质循环和能量流动。因此，保护生物多样性对于维护健康的生态环境至关重要。

（一）设立自然保护区和野生动植物保护区

通过将一些特殊生态环境和物种的栖息地划定为保护区，来保护其中的生物多样性。这些保护区可以提供安全的栖息地，使得濒危物种有机会恢复和繁衍。具体的我们可以确定特殊生态环境和物种的栖息地，划定合适的保护区界线。这些界限应该基于科学研究和评估，确保覆盖到相关物种的核心繁殖和栖息地。创建专门的保护区管理机构，负责制定和执行保护区规划、管理、监测和保护措施。这些机构应该由专业人员组成，拥有丰富的生物多样性保护经验。确保保护区受到法律的保护，并明确违反保护区规定的行为的处罚力度。加强执法力度，打击非法狩猎、非法采伐和其他对保护区内物种和生态系统造成威胁的行为。根据不同保护区的特点，制定并实施合适的管理措施。例如，限制人员进入、控制开发活动、开展物种保护和生态恢复工作等。通过持续的监测和科学研究，了解保护区内物种的数量、分布、生境需求等重要信息。这些数据可以帮助制定更有效的保护措施，评估保护区的成效，并为其他保护区提供经验和指导。鼓励公众参与保护区的管理和保护工作，加强环境教育活动，提高公众对保护区的认识和意识。公众的参与和支持是保护区长期可持续发展的关键。通过划定保护区，我们可以提供安全的栖息地，保护濒危物种的生存环境，促进生物多样性的恢复和保护。同时，这也有助于实现可持续发展目标，使人与自然实现和谐共生。

（二）控制非法猎捕和非法采伐

非法猎捕和非法采伐是造成物种灭绝和生态环境退化的主要原因之一。加强对这些非法行为的打击力度，是保护生物多样性的重要措施。我们可以通过制定和完善相关的法律法规，明确非法猎捕和非法采伐的行为定义、刑事处罚等方面。加大对违法行为的打击力度，提高对违法者的法律威慑。加强执法部门的能力

建设，提升他们对非法猎捕和非法采伐的监测和打击能力。加大
执法力度，同时与其他国家和地区开展合作，共同打击跨国非法
猎捕和非法采伐行为。建立健全的监测体系，及时获取非法猎捕
和非法采伐的信息。加强与相关部门和组织的情报分享，形成合
力打击非法行为。通过宣传和教育活动，提高公众对非法猎捕和
非法采伐的认识和意识。增加对这些活动的谴责和抵制，形成全
社会共同参与保护生物多样性的氛围。加强与其他国家和国际组
织的合作，共同打击跨国非法猎捕和非法采伐行为。分享经验和
信息，联合努力保护全球的生物多样性。

（三）促进生态旅游和环境教育

　　通过开展生态旅游和环境教育活动，提高公众对生物多样性
的认识和关注，增强人们的环保意识和责任感。推广生态旅游，
引导游客在尊重自然的前提下，深入了解并欣赏自然生态系统的
美丽与独特之处。通过生态旅游，人们能够亲身体验和感受大自
然的魅力、生物多样性的珍贵以及它们对我们这个星球的重要性。
组织或支持学校、社区和公众参与野外考察和探险活动。这样的
活动可以让人们接触到真实的自然环境，近距离观察各种植物和
动物物种，了解其生态特点和保护需求。安排公众参观自然保护
区和野生动物保护中心，了解保护区的功能和重要性。同时，鼓
励人们参与志愿者活动，与保护区的工作人员一同开展保护和研
究工作。在学校和社区开展环境教育项目，向学生和公众传授生
物多样性、生态保护和可持续发展的知识。通过课堂教学、讲座、
研讨会、工作坊等方式，提高公众的环境意识和对生态环境的关注。
利用各种媒体平台，如电视、广播、互联网、社交媒体等，向公
众传达生物多样性保护的重要性，并提供相关知识和信息。报道
成功的保护案例、濒危物种的故事等，激发公众的共鸣和行动。
通过这些生态旅游和环境教育活动，我们可以提高公众对生物多

样性的认识和关注，增强人们的环保意识和责任感，鼓励更多人积极参与到生态保护和可持续发展中来。

（四）加强生态恢复与重建工作

针对已经退化或破坏的生态环境，进行生态恢复、重建和修复工作，为濒危物种提供合适的栖息条件。通过植树造林、草地恢复、湿地修复等措施来恢复植被覆盖和改善土壤质量。植被的恢复有助于保持水源、防止土壤侵蚀，并为濒危物种提供栖息地。划定和管理保护区和自然保护地，以保护原生态系统和关键物种的栖息地。这些区域应该设立严格的管理制度，限制人类活动，确保濒危物种得到充分保护。通过移植和引进合适的植物和动物物种，来恢复被破坏的生态系统。确保引进的物种与当地生态系统相适应，不会对原有物种造成压力。加强废弃物的回收和处理工作，减少对生态环境的污染。清理和修复受污染的区域，以保护濒危物种的栖息地。通过教育和宣传活动，提高公众对生态恢复和濒危物种保护的认识和意识。鼓励公众参与志愿者活动，共同参与生态环境的恢复和保护工作。进行科学研究和监测工作，了解生态系统的状况和濒危物种的分布。这可以为生态恢复和濒危物种保护提供科学依据和指导。通过这些措施，我们可以逐步修复和重建退化或破坏的生态环境，为濒危物种提供更好的栖息条件，实现生物多样性的恢复和保护。

（五）推动可持续发展

加强环境管理，优化资源利用方式，推动可持续发展模式，减少对生物多样性的负面影响。建立健全的环境管理体系，制定并执行环境政策和法规，包括环境保护、资源利用、废物管理等方面，以确保可持续发展的目标得以实现。加强资源管理，提高资源利用效率，降低资源消耗和浪费。采取节约能源、水资源和地球资源的措施，减少对自然环境的损害。推动智慧城市和绿色建筑的发展，促进节能、减排和资源循环利用，减少对生态环境的负面影响。大力发展并推广可再生能源，例如太阳能和风能等。减少对传统化石能源的依赖，以减少对环境和野生生物栖息地的破坏。建立和推行生态补偿机制，鼓励企业和个人对生态系统和生物多样性的保护作出补偿。通过激励机制来促使更多人参与到生态环境的保护中。加强国际合作与交流，分享经验、技术和最佳实践。共同努力推动可持续发展，并保护全球生物多样性。通过加强环境管理、优化资源利用方式以及推动可持续发展模式，我们可以减少对生物多样性的负面影响，并实现人与自然的和谐共生。

生态环境和生物多样性保护是一个相互依赖、相互促进的关系。只有保护好生态环境，才能保护好生物多样性；而只有保护好生物多样性，才能维护健康的生态环境。中华人民共和国政府一直高度重视这个问题，加大了对生态环境与生物多样性保护的力度，致力于推动绿色发展，促进人与自然和谐共生。

四、礼仪伦理教育与生物学教育的整合

礼仪伦理教育和生物学教育的整合可以促进学生综合素质的培养，并帮助他们更好地理解和尊重生命以及人类与自然环境的关系。通过将礼仪伦理教育与生物学教育相结合，可以培养学生的道德观念、责任感和环保意识。

通过生物学教育，学生可以了解到不同生物物种的多样性和复杂性，以及它们在生态系统中的相互作用。这有助于培养学生对生命的敬畏之心和保护生物多样性的意识。同时，他们也会了解到人类活动对生物多样性的影响，如生境破坏、物种灭绝等，从而进一步认识到我们需要尊重和保护生命。其次，融入礼仪伦理教育可以帮助学生发展合适的价值观和行为准则。通过礼仪伦

理教育的指导，学生可以学习到如何尊重生命、关爱他人、培养友善和谦虚的品质。这样的教育有助于塑造学生积极健康的人格和良好的社会行为，使他们更有责任感和使命感去保护生态环境和生物多样性。

在实际教学中，可以通过以下方式来整合礼仪伦理教育和生物学教育：

（一）引入伦理教育的内容

在生物学课程中，引入关于生命尊重和环境保护的伦理道德相关的话题和案例，提醒学生的个人行为对生物多样性和生态环境的重要性，激发他们的环保意识和责任感。通过讨论人类活动对生态系统的影响，例如砍伐森林、过度捕捞和过度开发土地等。强调保护生态系统的重要性，以维护物种多样性和生态平衡。介绍一些面临灭绝风险的物种，并讨论人类行为对它们的影响。鼓励学生思考如何通过保护栖息地并减少非法野生动物贸易来促进物种保护。讨论基因编辑技术的伦理问题，如对人类胚胎进行基因编辑的道德考虑和生命伦理问题。这可以引发学生对生命尊重和道德原则的深入思考。探讨可持续农业实践，如有机农业和农业废弃物的处理等，这对环境保护和食品安全至关重要。鼓励学生思考并提出解决方案，以减少农业对环境的负面影响。以及讨论如何保护水资源、防止水污染以及有效用水等问题。教育学生应尊重水资源并采取可持续使用的措施。

通过引入这些伦理道德相关的话题和案例，学生可以开始思考他们个人行为的后果，并明白他们对生物多样性和生态环境的责任。这有助于培养学生的环境意识，激发他们参与可持续发展的行动，以保护我们的地球。

（二）进行实地考察和社区服务活动

组织学生参观自然保护区、动植物园，参与环保志愿服务等活动，让学生亲身体验和感受到生物多样性的重要性，并培养他们对环境保护的责任感。通过参观自然保护区，学生可以近距离观察和学习有关自然生态系统的知识，看到各种珍稀物种的保护工作。他们可以了解不同物种之间的依赖关系，以及人类活动对这些生态系统的影响。这样的体验可以增强学生对环境保护的认识，并激发他们积极参与保护行动的动力。

动植物园也是一个很好的学习场所，学生可以在那里观察各种植物和动物。他们可以了解到植物的重要性，包括提供食物、氧气和生态恢复等方面。同时，他们还可以了解动物的多样性及其在生态系统中的作用。这样的参观能够帮助学生建立对生物多样性保护与维护的意识。

参与环保志愿服务活动是一个实践环境保护理念的机会。学生可以参与清理垃圾、植树造林、河岸修复等义工活动，亲身体验环境问题，并为改善环境做出贡献。这样的活动可以通过亲身参与，培养学生的主动性和责任感，同时也让他们认识到每个人都可以为环境保护作出积极的贡献。

组织学生参观自然保护区、动植物园以及参与环保志愿服务等活动，不仅可以让学生亲身感受和体验生物多样性的重要性，还能够培养他们对环境保护的责任感和积极参与的意识。这些实践活动有助于提升学生的环境意识，培养他们成为更关注和保护环境的公民。

（三）开展讨论和辩论活动

通过课堂上的讨论和辩论，鼓励学生就生物多样性保护与利用、人类与自然的关系等问题展开思考和交流，培养他们的价值观念和问题解决能力。促进他们的批判性思维和团队合作能力。

在课堂上，我们可以通过以下方式来鼓励学生参与讨论和辩论。

引入案例和现实问题：提供一些有关生物多样性保护与利用，以及人类与自然关系的案例和议题，如野生动物贸易、生态系统破坏、土地使用冲突等。让学生从不同角度思考和讨论这些问题，激发他们的思维和兴趣。

组织小组辩论：将学生分成小组，让他们代表不同的立场进行辩论。每个小组可以为特定观点辩护，并给出支持观点的证据和理由。这种辩论过程有助于学生了解不同观点对生物多样性保护和环境问题的影响，同时培养他们的辩论技巧和团队合作能力。

提出问题和引导讨论：在课堂上提出问题，激发学生思考并提出观点。鼓励他们通过互动讨论的方式，分享自己的观点和意见。教师可以起到引导、促进和总结讨论的作用，帮助学生从讨论中获得更深入的理解和启发。

引导反思和评估：每次讨论和辩论结束后，鼓励学生进行反思和评估，思考他们的立场是否有变化、讨论是否有新的观点和认识。这样的反思和评估有助于培养学生的批判性思维和问题解决能力，同时加强他们对生物多样性及环境问题的价值观念。

通过课堂上的讨论和辩论，学生可以更深入地思考和交流有关生物多样性保护与利用、人类与自然关系等问题。这种教学方式可以培养学生的价值观念和问题解决能力，使他们更具备理解和应对复杂环境问题的能力。

（四）强调个人责任和行为规范

在教学中强调个人行为对生态环境和生物多样性的影响，教育学生要尊重生命、爱护环境，形成良好的行为习惯和道德准则。在教学中，我们可以通过以下的方案进行强调个人行为对生态环境和生物多样性的影响。

知识普及：通过课堂教学以及实地考察等方式向学生传授生

态环境及生物多样性的基本知识。解释人类活动对生态系统和物种多样性的负面影响，帮助他们明白个人行为对生态环境的重要性。

示范引导：作为老师，你可以成为学生良好行为的榜样。展示关注环境和生物多样性的行为，如垃圾分类、节约能源等。通过自己的言行影响学生，让他们理解只有保护环境和生物多样性才能实现可持续发展。

实际操作：组织学生参与环境保护相关的活动。可以让他们参与园林绿化、清洁河道、种植植物等实际操作，使学生亲身体验到个人行为对环境的改变和保护的重要性。

启发思考：通过提出问题和讨论的方式，引导学生深入思考生态环境和生物多样性的问题。例如，引导他们思考气候变化对生物多样性的影响，或者探讨家庭和学校如何开展环保行动。

多媒体教育：利用多媒体资源，如图片、视频等，展示环境破坏和生物多样性减少的例子，让学生更直观地了解人类行为对生态环境的影响。这可以帮助学生产生共鸣，意识到个人行为的重要性。

通过教育学生尊重生命、爱护环境，我们能够培养出具有责任感和环保意识的新一代，他们将在未来为保护生态环境和生物多样性做出自己的努力。

通过将礼仪伦理教育与生物学教育整合起来，可以使学生在学习生物知识的同时，培养他们的道德情操和环保意识，促进他们的全面发展和健康成长。这样的教育模式能够引导学生正确认识自然、珍视生命，并在实际行动中为保护生态环境和生物多样性作出贡献。

结　语

　　生物是指地球上所有的生命形式，它包括动物、植物、微生物和其他一切能够生长、繁衍和进化的有机体。生物包含了广泛的物种、形态多样且具有复杂的生命过程。生物根据其组织结构和营养方式的不同，可以分为不同的类别。动物是一类以多细胞有机体为代表的生物群体，具有感知和运动能力。植物是以细胞壁、叶绿素和光合作用为特征的多细胞生物。微生物则是不可见或肉眼难以辨认的微小生物，包括细菌、真菌和病毒等。生物在地球上扮演着重要的角色，与环境和其他生物之间形成复杂的关系。生物对维持地球生态系统的平衡和功能发挥着至关重要的作用。然而，人类的活动对生物多样性造成了威胁，导致物种灭绝和生态系统退化。因此，保护生物多样性和维护良好的生态环境是我们每个人应尽的责任。这需要我们采取积极行动，减少对自然资源的过度利用，降低污染和破坏行为，并通过环境教育和可持续发展实践来加强公众对生物的认识和保护意识。

　　生物学是研究生命的科学领域。它关注生物体的结构、功能、发育和演化等方面的知识。生物学是一门广泛且多样的学科，涵盖了从微观到宏观不同层次的生命现象和过程。生物学的发展与科技的进步密切相关，例如显微镜、基因测序等仪器和技术的发展，极大地推动了生物学的研究进程。生物学的研究和应用对于人类理解生命本质、保护生物多样性、应对环境变化、改善人类生活等方面具有重要意义。生物学涵盖了广泛而多样的领域，从微观到宏观的不同层次研究生命现象和过程。生物学的目标是理解生命的本质，研究生物体的组织结构和功能，如细胞的组成、代谢、分裂和分化等。它还研究生物的遗传机制和遗传变异，以及生物适应性和进化方面的过程。此外，生物学也包含生物群落和生态系统的研究，探索生物与环境之间的相互作用和影响。生物学的研究方法包括实验室实验、野外观察和调查、分子生物学技术、计算模拟等等。随着科技的不断发展，生物学的研究方法也在不断创新和进步。生物学具有重要的应用领域，例如医学、农业、环境保护和工业等。研究生物学有助于开发新药物、改良农作物、保护动植物物种和生态系统，促进人类的健康和可持续发展。

总之，生物学是研究生命的科学领域，它通过探索生物体的结构、功能和演化，为我们理解生命和应对生命相关问题提供了重要的知识基础。

生物学教学是指通过课堂教学、实验实践和其他相关活动，向学生传授生物学知识和培养生物学思维能力的过程。根据学生的年龄和认知水平，调整教学内容和方式，确保教学的针对性和有效性。在教学中运用启发式教学方法，引导学生主动积极地发现和探究生物学知识。

将生物学知识与日常生活、实际问题和科学研究相结合，帮助学生理解其在实际生活中的应用和意义。示范和讨论真实的生物学案例，激发学生的兴趣并增加学习的动机。组织实验室实验、野外考察和模拟活动，让学生亲自参与观察、实验和数据收集，并进行分析和解释。通过实践操作，学生可以更好地理解生物学现象和科学方法。运用多媒体教学资源、计算机模拟软件等现代技术，在课堂上展示生物学图像、动画和实验视频，提供交互式学习体验。这样有助于学生视觉和听觉的感受以及深入理解复杂的生物学概念。培养学生的科学观察和推理能力，引导他们精确观察和描述生物现象，并从观察数据中提取出规律和结论。同时，鼓励学生进行假设、设计实验、提出问题和进行科学论证。安排小组活动、合作实验和讨论等方式，促进学生之间的合作与交流。通过互相合作和分享观点，学生可以共同解决问题，培养团队合作和沟通能力。选择有趣、引人入胜的生物学课题和案例，激发学生的兴趣和求知欲。提供丰富的学习资源和阅读材料，鼓励学生拓展自己的学习领域，并培养自主学习的能力。通过符合上述原则的生物学教学，可以提高学生对生物学的兴趣和理解，培养学生的科学思维和实践能力，并为其未来的学习和职业发展奠定坚实的基础。

中学生物学教学的核心是培养学生对生命科学的基本理念的理解和兴趣，以及培养他们的观察、实验、推理和解决问题的能力。学生应该掌握生物学的基本概念、原理和术语，包括生命的特征、细胞结构与功能、遗传与进化、生物多样性、生态系统等内容。学生应该具备基本的实验观察能力，包括观察、测量、记录、总结、分析和推理等。他们还应该学会使用常见的实验仪器和技术，如显微镜、计算机模拟等。学生应该理解生物学的核心概念，例如细胞是生命的基本单位、遗传规律和进化理论等。同时，他们还应该能够将这些概念应用于实际问题的解决中。学生应该能够通过分析真实的生物案例和问题，将所学的知识应用到实际情境中。通过对实例的分析，他们可以加深对生物学概念的理解，并培养解决问题的能力。学生应该培养科学思维的习惯，包括提出问题、收集和分析数据、制定假设、设计实验、进行推理和验证等。他们还应该理解科学知识是不断发展和改进的，并有能力进行科学性讨论和评估。中学生物学教学的核心是培养学生的基本知识、实践技能、概念理解、实例分析和科学思维能力。通过这些教学目标的达成，可以帮助学生建立对生命科学的兴趣和理解，为进一步深入学习和研究奠定扎实的基础。